MUJER ERES ÚNICA

Grisel J. Pitre

Mujer Eres Única Grisel J. Pitre

10.3.2016 y 2024 Derecho de autor, Grisel J. Pitre

Todos los derechos son reservados. Está prohibido la reproducción total o parcial de este libro, así como la transmisión electrónica o manual de este, sin el permiso del escritor.

Publicado por Grisel J. Pitre
Impreso en los Estados Unidos
2016 y 2024 edición
Grisel371@live.com
www.GriselJPitre.com

SBN: 978-0-9979827-1-8

Dedicatoria

Dedico este libro a todas las mujeres valientes que no se han dejado vencer por los problemas, obstáculos y circunstancias, ni por las luchas espirituales y emocionales que han enfrentado. Algunas han perseverado por mucho tiempo, y aun así siguen de pie.

Agradezco de corazón a todos ustedes por su apoyo incondicional. A quienes han colaborado en el desarrollo de este libro, como mi amigo Luis Martín Ortiz, mi amiga Mary Esmeralda Ferreras y Eunice Rivera, les estoy profundamente agradecida.

Dedico este libro a ti, que deseas encontrar tu valor como mujer y que harás de estas páginas un manual de bendición para tu vida y para las niñas que seguirán tus pasos.

¡Que todos sean muy bendecidos!

Grisel J. Pitre.

Mujer Eres Única   ✦   *Grisel J. Pitre*

ÍNDICE

Prefacio..
Prólogo..
Introducción..1
Capítulo   I: Nace una gran mujer....................................3
Capítulo   II: La identidad de la mujer..............................11
Capítulo   III: ¿Por qué a la mujer le fue dada las enseñanzas?.......23
Capítulo   IV: Las cualidades de una mujer única.....................29
Capítulo   V: La sanidad emocional de la mujer......................33
Capítulo   VI: La mujer y su sexualidad..............................41
Capítulo   VII: La mujer es única en su lucha.........................49
Capítulo   VIII: La mujer en el orden de la creación..................53
Capítulo   IX: La mujer única y su apariencia........................63
Capítulo   X: La mujer y su función.................................71
Capítulo   XI: La mujer como profetiza...............................79
Capítulo   XII: La mujer como reina y sacerdotisa.....................87
Capítulo   XIII: Las mujeres valientes y únicas de la antigüedad.....105
Capítulo   IVX: La misión de la mujer................................131
Capítulo   XV: La mujer única es realmente libre y poderosa.........135
Conclusión..143
Referencia 145

Créditos 147

Mujer Eres Única ✧ *Grisel J. Pitre*

Prefacio

Este libro surge del profundo pesar que siento al observar a tantas mujeres víctimas del menosprecio y el desamor, no solo por parte de sus propios hijos y parejas, sino también de una sociedad que las cataloga como débiles. A través de mi experiencia profesional y personal, he sido testigo del dolor y sufrimiento que han enfrentado. He conocido sus historias y he visto sus virtudes, así como el invaluable aporte que hacen como mujeres fuertes.

En el ámbito de la psicoterapia, al tratar casos de mujeres de diversas culturas, razas y creencias, he llegado a comprender que la mujer es un ser especial, luchadora y digna de vivir con valor y respeto. A pesar de que muchas han sido marcadas por el dolor de ser esposas desprestigiadas y madres olvidadas, conservan el coraje para ser las heroínas de su propio drama. La llama del amor nunca se apaga en ellas, ni la sonrisa de felicidad al ver a un hijo alcanzar sus metas; nunca ven lo imposible cuando se trata de los deseos de superación de su familia.

Son mujeres sencillas, pero a la vez poseen una actitud particular, como si llevaran una coraza de protección que las hace parecer intimidantes y frías. Están listas para enfrentar cualquier amenaza que pueda poner en riesgo su hogar o a sus seres queridos.

Estas mujeres han enfrentado innumerables obstáculos, a menudo en una sociedad que prejuzga su capacidad. Aún estamos recuperándonos del proceso de "liberación femenina", y, sin embargo, muchas siguen siendo marginadas y etiquetadas como "débiles e incapaces". Este libro busca reconocer y celebrar su fortaleza, ofreciendo un espacio para que sus voces sean escuchadas y valoradas.

Prólogo

Siempre he creído que "la mujer posee todas las herramientas necesarias para alcanzar lo que se proponga, y si tiene los pies firmes en la visión del Señor, será una triunfadora".

La autora Grisel Pitre, en su libro *Mujer, Eres Única*, nos revela el gran valor de la mujer, comenzando por dejarnos claro el propósito para el cual fue creada.

En la mujer encontramos una máquina perfecta, capaz de realizar múltiples funciones y hacerlo todo con excelencia. A lo largo de la historia, hemos visto cómo la sociedad machista ha intentado minimizar y menospreciar a la mujer, ignorando las cualidades que la adornan y los talentos que el Señor ha depositado en sus manos.

A medida que avances en la lectura, Pitre te revelará la verdadera identidad de la mujer, sus cualidades y su misión en este mundo. Aborda temas fundamentales, como por qué muchas mujeres se sienten estancadas al tomar decisiones, y proporciona herramientas bíblicas para liberarse de lo que las ata y les impide avanzar y crecer en el Señor.

Si deseas descubrir tu verdadero propósito y ser la mujer que Dios espera que seas, te animo a que comiences a leer y a poner en práctica todo lo que se expresa en este libro.

Mery Esmeralda
Ferreras De Reyes
Periodista/Escritora.

Introducción

Este libro tiene como propósito educar al lector sobre la igualdad femenina, el valor y el propósito de la mujer en la creación. En el primer capítulo, se revela la gran estima que Dios tiene por la mujer, destacando que Él ya había pensado en ella antes de su creación. Se explora la especialidad y simbología de la mujer como un reflejo de la misma tierra.

El segundo capítulo aborda cómo, en su omnisciencia, Dios ya sabía lo que sucedería en el mundo tras la caída de Lucero. Ante esto, Dios tenía un plan B: la creación de la humanidad, representada en la identidad de la mujer. En ella, Dios revela su obra maestra, presentándola al mundo como varona, nación santa, tribu, tierra, creación, alma, esposa, árbol de vida, madre, iglesia y gran Jerusalén.

En el tercer capítulo, se destacan las cualidades de la mujer como un modelo único, con una riqueza que no puede ser imitada. La mujer sabe entregarse y dar incondicionalmente. Cuando se trata de defender a sus hijos, es capaz de enfrentarse a cualquiera con la ferocidad de una leona y no teme a las tempestades.

El cuarto capítulo trata sobre las cualidades personales de la mujer y cómo se la compara. Se examina el orden divino de Dios: hombre, mujer, creación y ayuda idónea, reflexionando sobre las consecuencias de la desobediencia. Además, se presenta a la mujer como promotora del conocimiento, con una misión personal de parte de Dios.

El quinto capítulo revela el valor personal de la mujer en relación con su humanidad y el ejercicio de sus funciones. Se observa cómo el ministerio de las mujeres trasciende la época de Jesús, quien vino a reunirlas y exaltarlas como iglesia.

En el sexto capítulo, se resalta el valor sexual de la mujer en comparación con el testimonio de la iglesia. El séptimo capítulo revela la valentía de la mujer como un modelo de pureza. El octavo capítulo invita al lector a comprender la importancia del ministerio de la mujer en la creación. En el noveno capítulo, se muestra la belleza única que cada mujer posee, subrayando que compararse con otras debería ser una mínima opción.

El décimo capítulo aborda la función de la mujer como hija y coheredera de la gracia. El undécimo capítulo hace hincapié en la misión principal de la iglesia de Cristo en la tierra, como un canal profético que alerta sobre los juicios venideros.

El capítulo doce habla de la autoridad dada a la mujer —o mejor dicho, a la iglesia— como embajadora de los asuntos de Dios en la tierra, mostrando su capacidad para dirigir los asuntos del reino y reclamar su posición como propietaria de la tierra. El capítulo trece indica el valor infundido por aquella iglesia fundada por mujeres de fe que no temieron cumplir su misión. El catorce muestra la valentía de una mujer que nunca se detiene; todas estas mujeres representan la humanidad que Dios busca para marcar la diferencia.

El capítulo quince presenta a la mujer como vencedora, cumpliendo con los requisitos de la gran comisión como iglesia. Jesús reconoció el valor de la mujer (y de la humanidad que le teme), elevándola ante los ojos de quienes la observan.

En conclusión, nacimos para ser únicos y para cumplir una misión en la tierra que debemos lograr antes de partir. Cada mujer tiene un propósito divino que impacta su entorno y deja una huella en la historia. Al reconocer su valor y abrazar su identidad, puede cumplir su llamado y ser un agente de cambio en el mundo.

Capítulo I

NACE UNA GRAN MUJER

Desde el momento en que Dios creó la tierra, también pensó en crear a la mujer, ya que ella representa la tierra misma. Esto significa que la mujer estuvo en la mente de Dios mucho antes de la fundación del mundo. En su omnisciencia, Dios sabía lo que acontecería a partir del momento en que Luzbel (Satanás) pecó contra Él. Así, el Señor tenía un plan B: la creación de la raza humana. Cuando Dios creó el mundo, lo hizo con la intención de proyectar en la creación todo lo que hay en su reino. Según las Escrituras, en el tercer cielo existe una gran ciudad, con calles de oro y un mar de cristal, junto a un río y hermosas palmeras. En otras palabras, el paraíso terrestre siempre ha sido una representación de lo que ya existe en el reino celestial. Esto se puede ver en pasajes como Salmos 87:1 y Apocalipsis 21:1-17, así como en Apocalipsis 22:1 en adelante.

Dios se refleja a sí mismo en la creación del hombre, quien fue colocado en un paraíso con todo lo necesario para vivir. Sin embargo, esto no fue suficiente, ya que mostró la insatisfacción del alma, evidenciando que lo material nunca puede reemplazar la necesidad emocional. Aunque el hombre aparentemente tenía resueltas sus necesidades físicas y espirituales, aún se sentía incompleto por la falta de conexión emocional. Es crucial reconocer las tres necesidades del ser humano para encontrar un balance y estabilidad. Ignorar esta verdad es como sentirse prisionero, con la puerta abierta. En un momento, el hombre experimentó soledad emocional, lo que indica que lo que ocurre en el ámbito natural también se refleja en lo espiritual. En otras palabras, "todo lo que es materia es una réplica de lo que ya existe en el mundo espiritual".

¿Acaso Dios, en su naturaleza emocional, pudo haberse sentido solo? Buscó intimidad en la compañía de otro ser. ¿Por qué quiso compartir su amor y su reino con un ser inferior a Él? ¿Por qué creó a otros seres con sus mismas características? Dios utiliza las características de la mujer para hablarnos indirectamente sobre el poder de su amor y lo que significa un hombre enamorado de una doncella, por la cual estaría dispuesto a dar su vida.

Desde el principio, el hombre fue un ser lógico, centrado en el trabajo que Dios le encomendó, hasta que sintió la necesidad de compañía, de donde nace la mujer. Dios tomó el corazón del hombre para compartirlo con ella, realizando el primer trasplante de corazón abierto. Así, la mujer fue creada no del aliento de Dios, sino del aliento de vida del corazón masculino, representando la materia que revela el amor divino por la humanidad. La mujer, como la tierra, refleja los cambios emocionales y la capacidad de amar y entregarse por completo, especialmente al concebir y dar a luz. De este modo, ella encarna el alma y los sentimientos de Dios y del hombre, siendo creada por la necesidad emocional del varón.

Dios muestra su amor

Creo que, al crear a la mujer, Dios pensó en ella como un ser único. Al unir lo espiritual con lo material (el hombre y la mujer), nos mostró la verdadera conexión entre Dios y la humanidad. El amor busca unidad y cuidado en las relaciones familiares. Dios preparó una materia pura para unirse al humano, como se ve cuando Jesús llama a sus doce discípulos para revelar su amor. Imagino a Dios, rodeado de gloria, deseando conectar con un ser menor. ¿De qué sirve tener riquezas si no hay a quién compartirlas? Sin amor, la vida se siente vacía. El amor se comparte y, sin él, el alma se siente incompleta. El amor da con sinceridad y sin esperar nada a cambio.

La guerra por el terreno

Desde el principio, Satanás ha luchado por el derecho sobre la tierra, generando grandes guerras a lo largo de la historia. Su rebelión rompió el contrato de posesión (Isaías 14:12-14), pero tras la caída del hombre, él intentó retomar ese derecho (Génesis 1:1-2). Aunque el ser humano tenía la autoridad absoluta sobre la tierra, el pecado permitió que Satanás recuperara su influencia (Juan 12:31) hasta que Jesús vino a pagar el precio por quienes creen en su mensaje (Lucas 4:7-9). Ahora, nuestro deber es luchar para recuperar nuestro territorio con la ayuda y fe en

Jesús, quien se unió a esta guerra para darnos la victoria (Apocalipsis 12:7-12). Así como en los relatos de Ester y Daniel, donde un rey no podía revertir un decreto (Ester 8:8), nosotros también debemos pelear por nuestras vidas y las de nuestras familias, porque Dios nos ha otorgado el poder y la autoridad para vencer sin miedo (Romanos 8:37).

Aunque el mal parezca prevalecer

Desde el principio, Dios permitió que las tinieblas tuvieran poder sobre el mundo durante doce horas de noche, lo que ha generado una constante lucha por la tierra. Satanás, consciente de que el ser humano lucha diariamente por sus necesidades, toma ventaja de esta situación para engañarlo, convirtiendo las necesidades en enemigos. Su ataque comienza en la mente de la persona y luego se infiltra en las relaciones, ya que cada hogar representa un pueblo. Si logra adueñarse de un hogar a través de la enseñanza o la cultura, controla una nación. La lógica del hombre y la emoción de la mujer están interconectadas; si los pensamientos del hombre son negativos, afectarán la conducta de la mujer. La iglesia de Cristo ofrece emociones guiadas por paz y amor, pero una mujer triste refleja la mentalidad de un hombre influenciado por doctrinas mundanas. Satanás busca invadir la mente, como lo hizo con Eva en el Huerto del Edén, y si controla la mente, gana la batalla por el alma. Aprovecha cualquier puerta abierta para implantar sus enseñanzas, y si roba la fe y la Palabra de Dios, demuestra que se ha adueñado del ser humano.

El fracaso es parte del triunfo

Aunque el fracaso produce decepción y un sentido de pérdida, también es parte fundamental de nuestro crecimiento. La relación entre Satanás y Dios fracasó porque el engaño y la traición generan desconfianza. Satanás no fue perdonado, mientras que el ser humano sí, ya que, al pecar sin conciencia, ha sido justificado. El fracaso de Satanás nos enseña que hay cosas inmutables; si Dios no le dio otra oportunidad a él, tampoco dejará impune toda maldad. En cambio, Dios ofrece al hombre repetidas oportunidades para arrepentirse, reflejando su inmensa misericordia. A menudo, queremos cambiar a otros y nos olvidamos de que es difícil transformar conductas arraigadas en nosotros mismos. No importa la magnitud del fracaso; lo esencial es levantarse y aprender del error. Dios nos muestra que es posible edificar relaciones y volver a intentar, incluso después de caer. La historia de Eva nos revela el fracaso, pero la de María nos recuerda que siempre hay segundas oportunidades, y que las experiencias pasadas nos hacen más fuertes y sabios para el futuro.

Hay que tomar precaución

En su intento de restaurar la relación con la humanidad, Dios crea al ser humano en un cuerpo limitado y vulnerable, haciéndolo dependiente de Él para sobrevivir. Esta vez, establece un trato en el que cada persona debe esforzarse para ganarse la nueva vida que Cristo ofrece. Dotado de cualidades y un estado de inocencia, el humano debe pasar por un proceso de crecimiento para cultivar el amor y aprender a compartir y ser agradecido. Si Dios le diera todo sin esfuerzo, el hombre podría llegar a sentirse merecedor y olvidar la importancia de la gratitud. La madurez es esencial para alcanzar las alturas que Dios ha prometido (Habacuc 3:19). Al no explicar completamente las razones para evitar el árbol del conocimiento, Dios evita un trauma emocional y permite que el hombre descubra por sí mismo la diferencia entre el bien y el mal. Dios busca que crezcamos en gracia y sabiduría, confiándonos la administración de Su reino en la tierra. Al igual que Satanás y los ángeles caídos, los humanos también serán juzgados por sus decisiones una vez que alcancen la madurez y conozcan el bien y el mal.

La primera característica del amor
Valorar la identidad personal implica aceptar que cada uno de nosotros es diferente, como adolescentes en busca de nuestra propia identidad ante Dios. Él nos permite tomar decisiones, orientándonos hacia lo mejor. El verdadero amor se manifiesta en el respeto y la aceptación; quien dice amarte, pero rechaza tu esencia no comprende el significado del amor. Este amor se basa en la empatía, en ponerse en el lugar del otro sin juzgar. Dios somete al ser humano a un proceso que revela su amor a través de la madurez, respetando el espacio del prójimo y otorgándole la responsabilidad de gobernar su propio reino. Así, se busca que el hombre desarrolle entendimiento y sabiduría para ejercer su dominio en la tierra. Si alguien dice amarte, pero te manipula o te priva de tu identidad, en realidad no conoce el amor verdadero. La mujer única, representando a la iglesia, entiende este secreto del amor y rechaza cualquier forma de engaño y manipulación.

El Derecho del Hombre
Para despojar a Satanás de cualquier derecho sobre la tierra, era esencial que el hombre naciera de la misma tierra y se convirtiera en un monumento sobre ella. Así, el alma del hombre fue infundida en un cuerpo de barro, sellando su propiedad (Génesis 3:19). Esto establece la conexión fundamental entre el ser humano y la tierra, reafirmando su derecho y responsabilidad sobre el mundo que habita.

Todo es una réplica del Cielo
La tierra es el lugar donde Dios se deleita, y su belleza se manifiesta en cada rincón de la creación. Todo lo que vemos aquí es una réplica de lo que existe en el tercer cielo, mostrando que la creación terrenal es un reflejo excelente de lo divino. En Lucas 11, se nos recuerda: "Venga tu reino", afirmando el deseo de Dios de que su reino se establezca en la tierra a través de la iglesia, permitiéndonos disfrutar de su gloria desde ahora. Cada

elemento de la creación representa el mundo espiritual que no podemos ver, pero que anhelamos experimentar. Para vivir eternamente en el reino celestial, es esencial someternos a sus ordenanzas desde ya (Mateo 6:10) y aprender a apreciar incluso las pequeñas maravillas de la vida.

El propósito de crear a una mujer

Al crear a la mujer, Dios revela su gran amor a través de acciones significativas. Es importante recordar que el lenguaje de la Biblia es simbólico y metafórico, utilizado para transmitir enseñanzas profundas a quienes buscan comprender. En este contexto, el hombre representa la parte espiritual del ser humano, mientras que la mujer encarna lo emocional y humano, con la misión de concebir y dar vida. Cuando Dios quiere abordar el aspecto espiritual, utiliza hombres con mensajes específicos; por otro lado, al tratar con lo humano, elige a mujeres para comunicar mensajes de fe, restauración y transformación.

La mujer tiene una ventaja

La mujer desarrolla su parte emocional más rápidamente que el hombre, lo que le permite captar información con mayor agilidad. Por ello, representa la tierra, un campo abierto susceptible a ser invadido por pensamientos e ideas, muchas de las cuales pueden ser falsas. Dios la llama a centrarse en su Palabra para encontrar dirección y ha creado un espacio, un huerto, donde puede habitar con sus seres amados y establecer límites. Como iglesia, debemos reconocer que somos un pueblo amado, en un pacto de obediencia y fidelidad, comparadas con una novia que espera a su novio. Al ser creada del costado del hombre, la mujer simboliza tanto su parte emocional como la de Dios. La tierra, nacida del corazón de Dios, refleja su eterno amor, que es el verdadero alimento del alma. Las mujeres, al igual que la humanidad, anhelan sentirse amadas; el abandono emocional puede ser devastador. Es vital cambiar la mentalidad de sentirse rechazadas por Dios, pues su amor es constante y eterno.

De ese árbol no comerás

Dios creó árboles que dan frutos abundantes para satisfacer las necesidades del ser humano, revelando así su amor y cuidado. También vio la necesidad de compañía y afecto, haciendo provisiones para el alma. El árbol representa al ser humano, y el fruto simboliza la satisfacción y felicidad que todos buscamos. El árbol de la ciencia del bien y del mal, asociado a Satanás, nos introduce al conocimiento del pecado y la maldad. En contraste, el árbol de la vida (Jesús) ofrece satisfacción y vida eterna. Mientras que Satanás ya conocía el bien y el mal, Dios desea que busquemos la satisfacción que no perjudique a otros. Si el fruto que consumimos deja un sabor a malicia, engaño o codicia, es el mismo que Satanás ofreció a Eva. ¡Cuidado, no te lo comas!

La mujer es única cuando se multiplica

La mujer es única en su capacidad de dar vida y nutrir, convirtiéndose en un puente entre generaciones y en un símbolo de esperanza. Al traer al mundo nuevos seres, ella no solo cumple un papel biológico, sino que se transforma en un agente de cambio, enfrentando desafíos con fortaleza y valentía. Su labor es fundamental para construir un futuro mejor, donde el amor y la bondad florezcan, destacando su invaluable contribución al bienestar de la humanidad.

La mujer es una réplica de las emociones del hombre

La mujer refleja el estado emocional del hombre, y su bienestar puede ser un indicador de la salud de la relación. Una esposa amargada o desanimada a menudo refleja el abandono emocional que ha experimentado, mientras que una mujer radiante y alegre muestra que está siendo nutrida y amada. Las experiencias dolorosas de una mujer, como el maltrato físico o emocional, pueden revelar la herencia de un entorno tóxico, como un padre abusivo. Dios desea que la mujer se independice de esos modelos de amor dañinos y descubra que su verdadera fuente de felicidad proviene de su amor incondicional. Así, se le enseña que el amor divino es el único que realmente necesita, permitiéndole encontrar su fuerza y valor en su propia esencia.

El cuidado requiere un descanso

Al igual que la tierra que necesita descanso tras una cosecha, la mujer también requiere un tiempo de recuperación después del parto. Este proceso, tanto físico como emocional, es crucial para restaurar su bienestar y permitir que su cuerpo vuelva a la normalidad. Ignorar esta necesidad de reposo puede afectar su salud y su libido, llevándola a descuidar su propio ser en favor de satisfacer a otros. Es fundamental que aprenda a amarse y cuidarse a sí misma, ya que solo así podrá estar en condiciones de cuidar de los demás de manera plena y saludable. Priorizar su bienestar es un acto de amor que beneficia tanto a ella como a quienes la rodean.

Capítulo II
LA IDENTIDAD DE LA MUJER

La Biblia dice que Dios tomó del costado del hombre la mitad de su corazón para ponerlo en la mujer, realizando así la primera "cirugía de corazón abierto". Esta acción simboliza la unión profunda entre ambos, donde una parte del corazón del hombre se convierte en la otra mitad del alma de la mujer. Dios no sopló en la nariz de la mujer, sino que tomó de la vida del hombre para compartirla con ella, marcando su origen como varona (Génesis 2:23). La creación del cuerpo de la mujer fue hecha con tanto detalle, cuidado y atención que se convierte en un modelo de la misma tierra. Su alma es una réplica de las emociones divinas, mostrando que ningún amor humano se compara con el amor de Dios. Esto implica que parte del corazón de Dios está sembrado en la tierra, y por eso, somos uno con Él, reflejando al "Emmanuel" (Jesús) que es Dios hecho materia, habitando en nosotros, la iglesia.

Hay que velar el descuido

Por lo general, la mente del hombre, siendo más lógica que emocional, tiende a perder la conexión íntima con su esposa, quien, a menudo, es más emocional que lógica. Este desenfoque puede llevar al hombre a acomodarse en la relación, descuidando las necesidades afectivas de su compañera, lo que genera dudas y desconfianza, creando conflictos emocionales. Muchos hombres creen que la felicidad de una mujer se basa en lo material, ignorando que su principal necesidad está ligada a sus emociones. Sin embargo, estas no se satisfacen con bienes materiales; las emociones simplemente necesitan ser expresadas y atendidas. Espiritualmente, ocurre algo similar: cuando se ignoran las necesidades espirituales y se intentan sustituir con lo material, la confusión se apodera del ser humano. El verdadero problema radica en mezclar estas necesidades. Cuando todo parece estar bien en el exterior, Dios permite que llegue el otoño para recordarle que su sustento proviene de Él, ayudándole a encontrar el balance espiritual necesario.

Lo que una mujer representa

Ella es el motor del hogar y el corazón de la familia; si se descuida, se queda sin energía. Asumir el papel de padre y madre puede hacerla fuerte, pero también incapaz de recibir amor. Es vital que encuentre un balance entre sus responsabilidades para mantener la paz y la confianza en casa. Si se agota, se volverá frustrada e insatisfecha. Es mejor hacer menos y sentirse útil que dar mucho y terminar sin ganas de continuar. El amor en el matrimonio debe ser recíproco; si uno da sin recibir, la relación pierde valor. Dios quiere que su iglesia dedique tiempo de calidad y evite el afán del mundo. Para recibir revelaciones divinas, es necesario dejar de lado las distracciones. Cuando las emociones están descontroladas, es fundamental buscar calma en la espiritualidad. La identidad de la mujer está ligada a sus emociones, así que cuidarlas es esencial para evitar confusiones.

La identidad de la mujer se refleja en diversas facetas

Estas descripciones resaltan su importancia y diversidad de roles dentro de la creación y la comunidad. Ver estos roles según las Escrituras:

- *Varona (Génesis 2:23)*
- *Tierra (Génesis 2:18)*
- *Humanidad (Hechos 17:24-25; 1 Corintios 4:3-4)*
- *Creación (Colosenses 3:18)*
- *Alma (1 Corintios 7:4)*
- *Compañera (Génesis 2:24)*
- *Novia (Apocalipsis 21:1-10).*

- Esposa *(Proverbios 14:1; 31:10-31).*
- Árbol *(Salmos 1:3).*
- Madre *(1 Timoteo 2:15).*
- Iglesia *(Colosenses 1:18).*
- La gran Jerusalén *(Apocalipsis 21:1-10 & 22:1-17).*

Varona: (Humanidad)

La mujer fue extraída del corazón del hombre, lo que simboliza que, ante Dios, el alma no tiene sexo ni forma. Ambos, hombre y mujer, son seres vivientes con necesidades físicas, emocionales y espirituales, compartiendo características en imagen y semejanza a Dios, aunque con funciones distintas (Génesis 1:26; 2:23).

La Biblia establece que ambos tienen el mismo valor, pero en el orden de la creación, cada uno tiene una misión única. La mujer, representando la tierra, está hecha para concebir y dar a luz, mientras que el hombre debe portar la semilla y cuidar que no caiga en terreno árido. Un buen jardinero prepara la tierra antes de sembrar, destacando la importancia de su labor conjunta.

La tierra

Dios creó a los humanos del polvo de la tierra para otorgarles la posesión absoluta de ella, ya que Satanás la reclamaba como su hogar antes de la existencia del hombre. En el Jardín del Edén, Satanás aparece como si conociera el lugar, buscando despojar al hombre de su título de propiedad a través de engaños, utilizando a la mujer como puente para llegar a él.

Al provenir de la misma tierra, los humanos son reclamados por Satanás debido al pecado. Esto se refleja cuando Satanás ofrece a Jesús todos los reinos de la tierra si lo adora (Lucas 4:7-9). En 2 Corintios 4:4, se refiere a Satanás como el "dios de este mundo", quien engaña a las personas para que rindan su voluntad, afectando sus mentes y emociones. Así, Satanás ha puesto su bandera sobre la mente, la familia, la nación y la iglesia.

Humanidad

Dios mostró empatía por la humanidad al permitir que Adán se convirtiera en cómplice del pecado de Eva, reconociendo que ella no fue responsable de ser engañada. Al aceptar esta decisión, Adán reflejó la actitud de Dios, quien se identifica con el hombre para justificarlo y liberarlo del juicio eterno al mostrar empatía en vez de juicio. Dios se adentró en el fango del pecado para rescatar a la humanidad y enfrentarse al enemigo que reclamaba su derecho sobre la tierra. Cumpliendo la promesa matrimonial de ser uno en salud y enfermedad, Dios desposó a la humanidad y, al rescatarnos en la cruz, despojó a Satanás de su dominio. Su amor nunca nos abandonaría en la derrota; se unió a nosotros para darnos victoria, demostrando que el amor cubre multitud de faltas, como una madre que protege a su hijo a toda costa.

La creación

La máxima expresión del amor de Dios se manifiesta en bellas obras que inician antes de la restauración de la tierra en Génesis y culminan con la nueva creación en Apocalipsis 21 y 22. Aunque la maldición del pecado cubrió la creación, la fidelidad de Abraham al ofrecer a su único hijo en sacrificio trajo una promesa de restauración y bendición para él y para todos los que sigan su camino de fe. Dios desea bendecir a la humanidad que se mantiene en la fe, liberándola de la maldición del pecado. La bendición implica buenas enseñanzas y estatutos que edifican a todos aquellos que practican la Palabra de Dios. La creación, por su parte, representa lo lógico y estructurado, abarcando elementos como el mar, el cielo, la tierra, los animales y la vegetación, cada uno con su propio lugar y orden en el diseño divino.

El alma

La parte emocional de la humanidad, representada por la mujer, desarrolla pensamientos y sentimientos que deben madurar a través del conocimiento y la disciplina. Las emociones, fundamentales para el proceso del parto, no son lógicas y deben alimentarse de amor, estabilidad, paz y libertad para sentirse fuertes y satisfechas. Mientras que el hombre representa la lógica y el orden, la mujer anhela ser amada y libre. La relación entre cuerpo y alma es esencial, ya que, sin el alma, el cuerpo no puede funcionar, y viceversa; la soledad indica una desconexión entre ambas partes. La unión de un hombre y una mujer simboliza la conexión necesaria para una vida plena, recordándonos que, aunque vivimos en lo terrenal, no podemos ignorar nuestra naturaleza espiritual. Dios, al crear al hombre a su imagen y semejanza, nos dio el libre albedrío para pensar, sentir y tomar decisiones, lo que también refleja la importancia de nutrir nuestras emociones y relaciones.

Compañera

Dios creó al hombre y a la mujer como una sola carne, reflejando también la unión espiritual que se da cuando Él se hizo carne: "El verbo se hizo carne". Dios dijo: "No es bueno que el hombre esté solo; le haré una ayuda idónea", lo que significa que la mujer es una compañera y amiga que satisface las necesidades internas de la familia. Cuando la lógica y la emoción son vulnerables, la parte espiritual se une como compañía. El amor humano es esencial, pero el cuidado divino es el lazo que mantiene la unidad. Desconocer cómo funciona nuestra naturaleza humana puede llevar a la frustración y la pérdida de control, así como ignorar el funcionamiento del alma nos aleja de la realidad. La mujer, como cuerpo y humanidad, es la compañía del alma de Dios, quien otorga sentido al cuerpo. La unión entre el hombre y la mujer simboliza la conexión entre el

Espíritu de Dios y la humanidad, de donde nace la intimidad y la comunión. Así, el espíritu de Dios se hizo carne para ofrecer la mejor compañía, asegurando que nunca estaríamos solos (Génesis 2:18).

Novia

La mujer representa la novia de Cristo, simbolizando a la humanidad comprometida a vivir separada del mal mientras espera su regreso. El verdadero amor nos enseña la fidelidad y la perseverancia que debemos tener como iglesia hasta la llegada del novio (Mateo 25). Como su novia, debemos mantenernos puros y limpios, evitando cualquier asociación con el mal. La fornicación, en un sentido bíblico, representa la doctrina pagana, por lo que la novia de Cristo no puede unirse a creencias mundanas. Cualquier creencia que nos aleje del verdadero contexto bíblico es falsa y apoyarla es fornicar. La fe bíblica es lo que mantiene a la iglesia pura hasta el día del matrimonio (1 Tesalonicenses 4:16-17).

Esposa

La mujer, como esposa, desempeña múltiples funciones en el matrimonio y el hogar, representando a la iglesia que se somete a la guía de la Palabra de Dios. La sujeción al marido, según Gálatas 3:28 y 1 Pedro 3:7, ha sido malinterpretada y no implica inferioridad. La sumisión se relaciona con humildad y reconocimiento de los roles, donde tanto hombres como mujeres tienen igual valor ante Dios, aunque sus funciones son diferentes. El hombre siembra la semilla, mientras la mujer la nutre y cuida. Su sometimiento se refleja en una humanidad rendida a Cristo, permitiendo que el Espíritu Santo la guíe. Al someter sus pasiones a la Palabra, la mujer se alinea con la verdad y experimenta libertad, reconociendo su papel en el plan divino.

Es madre

La mujer, como madre, tiene el privilegio de concebir y educar a sus hijos, desempeñando un papel esencial en su desarrollo. Su capacidad mental, más rápida que la del hombre, la convierte en la maestra natural de la familia, transmitiendo valores desde el vientre. La victoria de la humanidad se predijo en la cruz, donde la simiente de la mujer, representada por Jesucristo, derrotó a Satanás al sellar la redención. Cuando la Palabra de Dios se injerta en el interior, crece y refleja a Jesús, asegurando la victoria. Así, cada nuevo ser que nace contribuye a un mundo más productivo, generando líderes y pensadores que pueden salvar a la humanidad de la ignorancia.

La mujer

Al ser traída al hombre, recibe la instrucción de "aprender en silencio," lo que simboliza la obediencia a la Palabra de Dios. Este silencio no implica pasividad, sino una fe activa que permite al Espíritu Santo guiar su alma hacia la verdad. Siguiendo las enseñanzas de las Escrituras, la mujer (representando a la iglesia) puede enfrentar las doctrinas engañosas de Satanás, ya que "la simiente de la mujer herirá la simiente de Satanás" (Génesis 3:15). La victoria espiritual se logra al callar las voces humanas y escuchar la voz de Dios, quien revela sus planes a quienes se someten a Su autoridad. Así, la fe en la Palabra de Dios se convierte en el camino para la salvación y liberación del mal (Juan 3:16).

- **Respeta al marido:** El respeto en una relación se fundamenta en el reconocimiento mutuo y se construye a través de acciones. Se pierde por falta de consideración, especialmente si uno de los cónyuges siente que lleva una carga mayor. Las mujeres, a menudo sobrecargadas por responsabilidades en el hogar, pueden experimentar ansiedad y asumir roles que no les corresponden, afectando la dinámica familiar. Esto puede llevar a reacciones negativas y a la búsqueda de atención de manera manipulativa. La madurez emocional se logra al controlar los impulsos y sujetarse a la voluntad divina, superando obstáculos y manteniendo la armonía en el hogar. Aprender a manejar las emociones bajo el conocimiento de Dios fomenta la felicidad y la resiliencia ante las manipulaciones del enemigo.

- **El respeto mutuo:** Es fundamental en la relación entre hombres y mujeres. La mujer debe valorar a su marido, quien representa a Dios, mientras que ella, como tierra, es donde Él descansa. Sin embargo, algunos hombres pueden causar daño emocional, lo que lleva a una falta de consideración mutua. Las mujeres con baja autoestima pueden aceptar abusos, pero la Palabra de Dios les otorga autoridad para establecer límites. Al ser más emocionales, las mujeres pueden ofenderse fácilmente, mientras que muchos hombres, con un enfoque más lógico, pueden ser bruscos. Reconocer y respetar estas diferencias es crucial para evitar que los conflictos dominen la relación.
- **El motor del hogar:** La mujer actúa como el motor del hogar, beneficiándose al expresar sus pensamientos y sentimientos, lo que alivia su ansiedad. Cuando un hombre no dialoga ni trata bien a su esposa, sus oraciones y comunión con Dios se ven afectadas (1 Pedro 3:7). Maltratar a la mujer es, en última instancia, perjudicial para el hombre mismo. Un hombre que teme a Dios se refleja en su trato hacia su esposa y los demás. La conexión íntima con Dios es fundamental para encontrar estabilidad mental y emocional, y es un error buscar esa comunión mientras hay dificultades en la relación con la pareja. Sin la mujer, las emociones del mundo carecerían de sentido.

Maestras

La mujer, al elegir comer del árbol, ejerció su libre albedrío y mostró interés por el conocimiento, lo que la llevó a ser madre y maestra de toda la humanidad. Aunque comete errores, ella es fundamental, incluso llevando en su vientre a Dios y guiándolo en su crecimiento. Espiritualmente, la mujer representa a la iglesia, que enseña a los hijos nacidos del corazón de Dios. La mayor herencia que reciben los hijos es la buena enseñanza de sus padres. Sin embargo, el objetivo de Satanás es dañar las emociones de la mujer y desconectarla de su esposo, simbolizando la caída de Eva. Pablo menciona que "no permite que la mujer enseñe al hombre" en referencia al orden divino de la creación y la enseñanza; la mujer debe guardar silencio ante la Palabra de Dios, reconociendo su papel en la educación desde el vientre.

- **Maestras de las más jóvenes:** Según Tito 2:3-5, las mujeres deben ser maestras de las más jóvenes, modelando el poder de la Palabra de Dios a través de su testimonio. Una mujer preparada en las Escrituras y sometida a Dios se convierte en un pilar en su hogar, y sus hijos tienden a imitarla. Las buenas costumbres se cultivan en casa, pero si sus emociones se ven afectadas, puede dañar a la familia. La crítica y la murmuración indican inmadurez. La iglesia, como ejemplo de los apóstoles, reeduca a las nuevas generaciones en el conocimiento divino, mostrando la vida del nuevo nacimiento y la influencia del Espíritu Santo, quien transforma la mente y guía hacia la verdad.
- **Como árbol de vida:** La mujer es comparada a un árbol que da frutos, simbolizando su papel esencial en la vida de los demás. Jesús maldijo la higuera estéril, resaltando la importancia de producir frutos de arrepentimiento. Desde la concepción, el hijo se desarrolla en el vientre materno y crece gracias al amor y la enseñanza que recibe. Espiritualmente, estamos llamados a promover el bien y la verdad, ya que los verdaderos frutos surgen de la semilla de la Palabra y del agua del Espíritu Santo. Estos frutos se manifiestan a través de la fe, y un verdadero discípulo de Jesús se reconoce por ellos (Mateo 3:10; 7:18; Juan 15:8; Gálatas 5:22).

Como vencedora del mal

Eva, al ser poseída por el mal, abrió la puerta a la muerte y al pecado. En contraste, María trajo vida al mundo y colaboró con el plan divino de redención. Si ella hubiera rechazado este propósito, habría sido como una higuera estéril. Su disposición permitió que la humanidad superara el mal a través del entendimiento de la Palabra de Dios. La simiente de la mujer, representada por María y la iglesia de Cristo, tiene el poder de iluminar la mente humana con la verdad, liberándola de la influencia del mal (Génesis 3:15).

- *La mujer como esposa:* En una pareja, es fundamental el respeto, el acuerdo mutuo y el sometimiento de ambas partes; nadie actúa a su antojo, ni siquiera en la intimidad. Este compromiso refleja el pacto de fidelidad y unidad que han establecido. La unidad es esencial para lo que Dios desea de nosotros, y se compara con los miembros de un cuerpo, que simbolizan la verdadera cohesión. La evidencia de ser parte de este mismo cuerpo se manifiesta en la unidad y el entendimiento compartido entre la pareja (Tito 2:4-5; 1 Corintios 7:4).

- *Nación o tribu:* El número doce simboliza la humanidad en toda su diversidad, representando las distintas razas y grupos sociales a lo largo de los meses del año. Jesús eligió a doce discípulos que encarnan a la nueva humanidad redimida por su sangre, es decir, la iglesia. La salvación es universal, y todos, incluidos los traidores como Judas, están invitados a participar. Las doce tribus de Israel, descendientes de Jacob, representan una humanidad preservada para el plan divino y fueron fundamentales en la herencia de la Tierra Prometida. Así, las doce tribus del Antiguo Testamento y los doce discípulos del Nuevo Testamento se unen en la imagen de los 24 ancianos del Apocalipsis, simbolizando la iglesia como la novia del Cordero.

Como la iglesia de Cristo

Como iglesia, estamos llamados a predicar el evangelio y promover la salvación. Dios es la fuente de toda verdad, y Cristo es su cabeza, guiando nuestra enseñanza (1 Pedro 3:1-2; 1 Corintios 11:2-3). El esposo está sujeto a Cristo, así como la mujer (la iglesia) depende plenamente de Él. Esta sumisión es

fundamental para la salvación y para protegerse de los males venideros (Mateo 26:39; Juan 5:30).
- **La Gran Jerusalén:** La mujer simboliza una nación santa, redimida del mal y dedicada a su esposo, que educa a sus hijos en la fe en Cristo. Esta humanidad será preservada del diluvio en la Gran Tribulación, mientras que aquellos que desobedecen, representados por la gran ramera, enfrentarán su castigo. Israel, como el Arca de Noé, se mantendrá a salvo en la prueba final del Apocalipsis, hallando un lugar seguro. La mujer ha vencido al mundo y, con sus frutos, ha alimentado a muchos hijos de la fe. *Esa nación que no ha dejado que el mal domine su tierra, ni su mente ni sus sentimientos.*

Aquí tienes un resumen de los versículos:

- *Isaías 52:1: Un llamado a despertar y revestirse de poder, simbolizando la restauración y fortaleza de Sión.*
- *Apocalipsis 21:1-3: Visión de un nuevo cielo y una nueva tierra, donde Dios habitará con su pueblo.*
- **Gálatas 4:26: La Jerusalén celestial se presenta como madre de los creyentes.*
- *Hebreos 11:10: Referencia a la ciudad con fundamentos, un símbolo de esperanza y fe.*
- *Hebreos 11:16: Anhelo por una patria celestial, más allá de lo terrenal.*
- *Hebreos 12:22: Acercamiento al monte de Sión, un lugar de encuentro con lo divino.*
- *Apocalipsis 3:12: Promesa a los vencedores de ser reconocidos en el reino de Dios.*
- *Salmos 48:1-3: Alabanza a Jehová y a la grandeza de la ciudad de Dios.*
- *Salmos 87:3: Reconocimiento de las cosas gloriosas que se han dicho sobre la ciudad.*
- *Estos versículos reflejan la esperanza, la redención y la gloria de la comunidad de fe.*

Así nace la mujer única.

Para que la mujer logre un buen desarrollo integral, es crucial que reconozca su unicidad y valor, dejando atrás patrones negativos de conducta. Debe proyectarse de manera positiva; si desea ser vista como una mujer valiosa, debe evitar ser percibida como un objeto de placer. Es fundamental que comprenda que su verdadera cualidad no radica en complacer a otros, sino en su capacidad de dar amor y generar frutos. Rechazar las voces negativas del enemigo es esencial para elevar su autoestima. Además, como madre, es vital invertir en sus hijos, ya que ellos son su legado y la fuente de abundancia en el futuro. Un cónyuge puede irse, pero los hijos siempre serán su verdadera familia.

En síntesis

Tu renacer comienza en tu mente; al cambiar tu forma de pensar sobre ti y tu entorno, abres puertas que estaban cerradas. Eres la iglesia de Cristo, con una mentalidad y conducta renovadas, única y diseñada con un propósito. Dios te rescató del pecado para que brilles como una luz en la oscuridad. Como mujer, tienes la misión de ser un ejemplo de valentía y amor. No dejes que el enemigo te menosprecie; eres poderosa y parte de una nación santa. Tu bienestar refleja el amor del esposo y afecta a quienes te rodean. La iglesia tiene la responsabilidad de instruir y guiar, asegurando que todos alcancen madurez y sabiduría en su fe.

Capítulo III

¿POR QUÉ A LA MUJER LE FUE DADA LAS ENSEÑANZAS?

La mujer, al ser creada después del hombre, tiene una capacidad cerebral que le permite aprender rápidamente. Sin embargo, enfrenta el desafío de absorber una gran cantidad de información diariamente, lo que puede llevar a la ansiedad, la depresión y el insomnio. Además de aprender del hombre, también recibe influencias de Dios, la serpiente y su entorno. Esta sobrecarga mental puede afectar su bienestar emocional, y Satanás se aprovecha de estas vulnerabilidades para inyectar pensamientos negativos. Es crucial que la mujer encuentre formas de liberar esta energía acumulada y mantener su salud mental.

Un error de fábrica

Se cree que las mujeres tienen un "sexto sentido", pero en realidad, su cerebro está diseñado con dos orificios abiertos que les permite captar información más rápidamente que los hombres. Esto los lleva a recolectar más de cinco mil palabras al día, lo que puede sobrecargar su mente y provocar ansiedad. Por ello, es fundamental que encuentren formas de ventilar esta energía acumulada para mantener su bienestar emocional.

El entendimiento y la enseñanza

El mayor problema de la humanidad radica en la mente, donde Satanás busca confundirnos desde el principio. En el desierto, Jesús venció al enemigo usando la Palabra de Dios, mostrándonos que debemos aplicar la fe para superar las tentaciones. La mente es el espacio donde Dios quiere habitar y establecer Su enseñanza. Como señala el apóstol Pablo, debemos perdonar y no permitir que Satanás gane ventaja sobre nosotros (2 Corintios 2:11). Si Satanás controla nuestra mente, también influye en nuestros sentimientos y decisiones. Por eso, es vital rendir nuestra mente a Dios, permitiendo que Su enseñanza transforme nuestra forma de pensar, lo que a su vez cambiará nuestros sentimientos y conducta.

Cuidando la enseñanza

Desde que la mujer fue engañada por Satanás, la humanidad quedó bajo maldición por la desinformación del enemigo. La enseñanza se convirtió en un recurso clave para influir en la mente humana. Cuando el hombre apoyó a la mujer en su decisión de pecar, Dios mostró comprensión y empatía, más que juicio, como se ve en 2 Timoteo 4:3-4: "Porque vendrá tiempo cuando no sufrirán la sana doctrina".
La creación de la mujer no fue para ser un objeto, sino como parte del hombre, como se expresa en Génesis 2:22: "Y de la costilla que Jehová Dios tomó del hombre, hizo una mujer". Dios deseaba que ambos ejercieran autoridad sobre la vida espiritual y disfrutaran de su belleza. Dios, al hacerse humano en Jesús, se puso en el lugar del hombre para comprenderlo y liberarlo de la condenación (Mateo 1:23: "Y llamarán su nombre Emanuel, que traducido es: Dios con nosotros"). En el desierto, Jesús enfrentó su naturaleza terrenal usando la Palabra de Dios, mostrándonos cómo vencer el mal, tal como se menciona en Mateo 4:1-11.

La mujer única madura

Además, se nos instruye a dejar atrás la inmadurez y unirnos en matrimonio, cumpliendo el mandato de Dios en Génesis 2:24: "Dejará el hombre a su padre y a su madre, y se unirá a su mujer". Este crecimiento es esencial, ya que Dios no confiará grandes responsabilidades a quienes aún están atados a traumas del pasado. La frase "Dejará a tu padre y madre" también tiene un significado profundo relacionado con la llegada de Jesús, quien dejó su naturaleza espiritual y autoridad para convertirse en humano y rescatar a la humanidad extraviada. Al hacerse tierra, Dios prometió prepararnos moradas, como un buen esposo lo haría por su esposa. Como iglesia, es nuestro deber alcanzar la madurez para cumplir la misión divina. La mente crece a través de la enseñanza y la fe, y Dios nos da sabiduría para prever lo que sucederá en el mundo. Al venir a la tierra, Jesús nos mostró cómo escapar del mal, quitando la autoridad de la muerte y el infierno, y dándosela al hombre (la iglesia) que practica la sabiduría. Esto solo es posible si nos rendimos al poder del Espíritu Santo, convirtiéndonos en la esposa de Dios, carne de su carne y hueso de sus huesos.

Mujer sabia

Para que la mujer (la humanidad) pueda vencer sus impulsos emocionales y la inconstancia, debe educarse en el conocimiento de las Escrituras. Es esencial encontrar un balance entre lo emocional y lo lógico. No dejes que las emociones te controlen, ya que pueden engañarte. Cultiva el buen juicio para frenar esos impulsos y evitar que el enemigo tome ventaja. La clave está en utilizar la sabiduría divina, que es la única capaz de ayudarnos a superar situaciones negativas. Dios nos ha otorgado esta sabiduría para alimentar nuestra mente y escapar de los juicios venideros.

Las comparaciones entre mujeres

Suelen surgir por varias razones:
1. **Presiones sociales**: La sociedad a menudo establece estándares de belleza, éxito y comportamiento que pueden hacer que las mujeres sientan que deben medirse contra esos ideales.

2. **Baja autoestima:** Algunas mujeres pueden luchar con la autoconfianza y, al verse a sí mismas en relación con otras, pueden subestimar su propio valor.
3. **Redes sociales:** Las plataformas digitales pueden intensificar la comparación, ya que las imágenes y las historias compartidas a menudo muestran solo los aspectos más destacados de la vida de los demás.
4. **Cultura de la competencia:** En entornos como el trabajo o la escuela, la competencia puede ser intensa, lo que lleva a comparaciones sobre logros y habilidades.
5. **Falta de autoconocimiento:** A veces, no conocer bien sus propias fortalezas y talentos puede hacer que las mujeres busquen validación externa a través de comparaciones.
6. **Normas familiares o culturales:** Algunas mujeres pueden crecer en entornos donde la comparación es común, ya sea entre hermanas, amigas o miembros de la comunidad.
7. **Falta de identidad y madurez:** Muchas mujeres pueden enfrentarse a una falta de identidad sólida, lo que las lleva a buscar su valía en las comparaciones. La juventud o la falta de experiencias pueden contribuir a una sensación de inseguridad, haciendo que se midan a sí mismas en relación con los demás. Sin una comprensión clara de sus propios valores, propósitos y talentos, es más fácil caer en la trampa de la comparación. A medida que una mujer madura y desarrolla su identidad, es más probable que reconozca su singularidad y valore sus propias contribuciones, en lugar de buscar validación a través de la comparación con otras.

8. **Falta de autoaceptación:** Es importante fomentar la autoaceptación y recordar que cada mujer tiene su propio camino y valor, lo que puede ayudar a reducir estas comparaciones.

Una mujer es única por diversas razones:

En conjunto, estas características hacen que cada mujer sea única, aportando su propia luz y valor al mundo.

1. **Identidad y propósito:** Cada mujer tiene un propósito divino que la distingue. Su identidad está arraigada en su relación con Dios, lo que le da un valor incomparable.
2. **Capacidades innatas:** Las mujeres poseen habilidades y cualidades únicas, como la empatía, la resiliencia y la capacidad de cuidar y nutrir, que las hacen esenciales en sus comunidades y familias.
3. **Experiencias individuales:** Cada mujer tiene una historia personal, llena de vivencias y aprendizajes que la moldean. Estas experiencias contribuyen a su singularidad y perspectiva en la vida.
4. **Contribuciones diversas:** Las mujeres han aportado en múltiples ámbitos—ciencia, arte, liderazgo, y más—demostrando su versatilidad y fortaleza.
5. **Relaciones:** Su capacidad para construir conexiones significativas enriquece no solo su vida, sino también la de quienes las rodean.
6. **Resiliencia:** A lo largo de la historia, las mujeres han enfrentado desafíos y adversidades, mostrando una fortaleza y determinación admirables.

Mujer Eres Única ✧ Grisel J. Pitre

Capítulo IV

LAS CUALIDADES DE UNA MUJER ÚNICA

Una de las estrategias del enemigo es dañar las emociones de la mujer para que ignore sus virtudes y se sienta inmerecida de lo bueno en la vida. Al hacerlo, el enemigo busca destruir su imagen y autoestima. Si la mujer no cree en sí misma, tiende a desvalorizarse y descuidar el fruto de su vientre, permitiendo que el enemigo infiltre el hogar y destruya la relación familiar. Desde que un niño se forma en el vientre materno, recibe todo lo que su madre le transmite, tanto física como emocionalmente, ya sea positivo o negativo. A menudo escuchamos a padres expresar una preferencia por un varón al nacer una niña, pensando que las niñas no perpetúan el apellido. Sin embargo, Dios valora profundamente el nacimiento de una niña, ya que ella es quien lleva en su vientre el fruto de vida, esencial para la salvación de la tierra. Cada vez que un niño o niña llega al mundo, una luz se enciende, disipando la oscuridad de la mente con sabiduría. La mujer es quien da a luz a médicos, científicos, presidentes, reyes y abogados, contribuyendo así a la construcción de un futuro mejor.

Las niñas marcadas por el rechazo

Desde el pecado de Eva, la mujer ha sido rechazada, y muchas culturas la descalifican, viéndola como una simple máquina de placer o ama de casa. En Génesis 3:15 se estableció una guerra espiritual entre Satanás y la mujer, lo que ha llevado a una persecución constante para destruir su esencia y la de su simiente. La mujer ha sido desvalorizada y maltratada social, física, sexual y emocionalmente. El enemigo utiliza el desamor y el abandono emocional para socavar la estabilidad familiar, a menudo a través de hombres que carecen de sensibilidad. Una mujer maltratada puede transferir su dolor a sus hijos desde el vientre. El enemigo se aprovecha del poco desarrollo emocional de muchos hombres, quienes creen que satisfacer las necesidades materiales es suficiente. Adán también tuvo un papel en la desobediencia de Eva, al descuidar sus necesidades emocionales. Así, como él se sintió solo, Eva buscó compañía en la serpiente, permitiendo que el enemigo explotara sus vulnerabilidades.

La mujer es un ser especial

La mujer es un ser excepcional, capaz de ser el soporte emocional y mental detrás de un gran hombre. Con su mente abierta, puede analizar información rápidamente, lo que la convierte en el "cerebro" de la familia. Sin embargo, su astucia puede ser tanto constructiva como destructiva, dependiendo de su orientación. Desde que Dios declaró la enemistad entre la serpiente y la mujer, esta ha enfrentado una constante lucha contra el enemigo, que busca derribarla y hacerle creer que no vale nada. Una mujer con la autoestima destruida no solo se siente impotente, sino que también afecta negativamente a sus hijos. No obstante, Dios ha declarado su victoria a través de sus hijos, quienes traen esperanza al mundo. La mujer tiene el potencial de ser madre, esposa, maestra y todo lo que se proponga. ¡Mujer, levántate y recobra tu dignidad; con Cristo, ¡ya has vencido! Dios declaró la VICOTRIA de la mujer en sus hijos. Los hijos son la esperanza y la salvación de la tierra. Jesús el hijo del hombre, la simiente de la mujer ha sido la victoria del mundo, por eso, él necesita nacer en el corazón de esta humanidad para poder salvarla del mal. El mal ha venido para apagarle la alegría de los hombres, pero cada vez que un ser humano nace viene a traer esperanza y bienestar al mundo con su sabiduría. La mujer tiene el potencial, la capacidad de ser madre, esposa, maestra, amiga, profesional y todo lo que se proponga ser y hacer.

¡Mujer levántate y recobra tu dignidad, con Cristo ya venciste!

Algunas de las cualidades de la mujer:

Estas cualidades son solo un vistazo a la complejidad y belleza de ser mujer. Cada una aporta una perspectiva única al mundo y estas son:

- ***Hecha como un molde único:*** *Cada mujer es única en su forma de ser y en sus experiencias, lo que la convierte en un ser especial con su propia esencia. Las malas enseñanzas han llevado a muchas mujeres a compararse con otras, sometiéndolas a un molde cultural y social que las hace perder su identidad única. A pesar de ser creadas a partir del mismo origen, cada mujer es especial y debe dejar de medirse con los demás. Muchas luchan por cumplir estándares de belleza impuestos, dañando su autoestima desde pequeñas y fomentando la competencia y la envidia. Algunas ocultan su verdadero ser tras una imagen irreal, obsesionadas con parecerse a celebridades, preguntándose si su felicidad depende de su apariencia. La verdadera respuesta sobre su identidad solo puede encontrarse en su interior.*

- ***Riqueza natural:*** *Las mujeres suelen tener una conexión profunda con la naturaleza, tanto en su capacidad para crear vida como en su sensibilidad hacia el mundo que las rodea. La mujer, por naturaleza, posee una destreza excepcional para multitareas; puede atender una llamada, lavar la ropa, cuidar a un niño, cocinar y sacar al perro al mismo tiempo. Su versatilidad la convierte en creativa, matemática, científica, doctora, psicóloga y más. Para ella, nada es imposible; su corazón siempre está lleno de esperanza, manteniendo la fe de que, incluso en los momentos difíciles, un milagro puede llegar. Su capacidad de enfrentar desafíos y encontrar soluciones la define como un ser fuerte y resiliente.*

- ***Lo sabe hacer todo o por lo menos lo necesario:*** *La versatilidad y la adaptabilidad son cualidades destacadas. Muchas mujeres logran equilibrar múltiples roles en sus vidas, mostrando una increíble habilidad para gestionar diversas responsabilidades. La mujer tiene una habilidad innata para anticipar problemas y actuar en consecuencia. Sin necesidad de ser profesional, actúa como psicóloga al percibir las intenciones de los demás, como doctora al buscar remedios para las enfermedades, y como administradora al gestionar recursos. Es terapeuta emocional, capaz de* conectar con las alegrías y tristezas ajenas, y confronta injusticias con valentía. Sus emociones están profundamente desarrolladas, lo que le permite ser profesional cuando es necesario y actuar con cautela. Trabaja incansablemente como madre y maestra, siempre buscando soluciones en situaciones difíciles. ¡Vivan las mujeres valientes y esforzadas!

- **Emocional y entregada:** La mujer tiene una profunda capacidad para conectar con sus propias emociones y las de los demás, lo que le permite formar vínculos significativos. Su naturaleza emocional la prepara para vivir intensamente el proceso del embarazo y el amor maternal. Su comunicación, más emotiva que lógica, a menudo choca con la perspectiva racional de los hombres, dificultando la comprensión mutua. Sin el apoyo emocional adecuado, una mujer puede sentirse insatisfecha y marchita en una relación. Muchos hombres, desconectados de sus propias emociones, pueden no reconocer la importancia de esta conexión, lo que puede llevar a decepciones. Por eso, es esencial atender tanto las necesidades emocionales como las lógicas para mantener relaciones saludables.

- **Delicada como paloma y astuta como serpiente:** La mujer encarna una dualidad poderosa: es delicada como una flor y tierna como una paloma, pero también astuta y estratégica como una serpiente. Su sensibilidad le permite ver más allá de lo evidente, y su estado emocional impacta a toda la familia. Cuando está bien, el ambiente familiar florece, pero si está herida, su dolor se refleja en los demás. Por ello, es crucial que aprenda a dominar sus emociones y a controlar sus impulsos a través del autocontrol y la sabiduría, lo que le permitirá enfrentar cualquier adversidad sin que su vulnerabilidad sea explotada.

Capítulo V

LA SANIDAD EMOCIONAL DE LA MUJER

La sanidad emocional de la mujer es esencial para su bienestar y el de su entorno, e implica un proceso de autoconocimiento y aceptación donde reconoce y valida sus emociones. Desarrollar habilidades como la comunicación asertiva, el autocuidado y la gestión del estrés es clave, al igual que fomentar relaciones saludables que la apoyen y comprendan. Fortalecer su autoestima y aprender a establecer límites ayuda a prevenir el agotamiento emocional y la manipulación. Buscar ayuda profesional, si es necesario, también puede ser un paso importante en su camino hacia la sanidad emocional. Al cultivar un equilibrio emocional, la mujer no solo mejora su propia vida, sino que también crea un ambiente más saludable para quienes la rodean, convirtiendo la sanidad emocional en una poderosa herramienta para su crecimiento personal y familiar.

Tu propia percepción es esencial

La percepción propia es crucial para la mujer, especialmente dada la persecución que enfrenta desde antes de nacer y la guerra espiritual entre ella y Satanás. La Biblia menciona que la simiente de la mujer será herida en el calcañar, simbolizando un ataque directo a su corazón y sus emociones, ya que ella representa el corazón de la familia. Los pies, en este contexto, reflejan la seguridad emocional y espiritual de una persona. Una de las estrategias de Satanás es socavar la seguridad de la mujer; si ella se siente inestable e insegura, esa inestabilidad puede afectar a todos en el hogar. Por lo tanto, preservar su sanidad emocional se vuelve un reto esencial para mantener el bienestar familiar.

El proceso de la sanidad

La sanidad emocional de una mujer comienza cuando aprende a aceptarse tal como es, sin compararse con otras. Solo al reconocer que Dios la creó como un ser único podrá experimentar una verdadera plenitud interna. Muchas mujeres arriesgan su bienestar en busca de aceptación, obsesionándose con la perfección de su cuerpo sin entender que lo más importante es estabilizar sus pensamientos y emociones. Para levantarse de sus caídas, es crucial que busquen su verdadera identidad, explorando sus etapas pasadas y el origen de sus heridas. Deben enfrentarse a su reflejo, aceptándose sin caretas ni falsedades, y permitir que su alma resurja con la ayuda de Dios. ¡Tú puedes lograrlo!

Deberás crecer como una mujer madura

El crecimiento hacia la madurez emocional de una mujer es esencial, especialmente si en su infancia careció de una nutrición emocional adecuada, especialmente por parte de su padre. Esta falta de atención, aceptación y cariño puede llevar a una baja autoestima y a una búsqueda compulsiva de atención en la adultez, donde a menudo intenta llenar un vacío emocional. Muchas veces, busca en un hombre la figura paterna que nunca tuvo, lo que puede llevarla a comportamientos infantiles y a tolerar abusos en busca de aceptación. El esposo, al no comprender el trasfondo de estas dinámicas, puede sentirse confundido, actuando como un padre en lugar de un compañero, lo que genera una dependencia emocional. Con el tiempo, esta dinámica puede afectar su vida sexual y la relación en general, ya que una relación sana no debe basarse en el control o la manipulación. La clave está en que la mujer reconozca su valor y se libere de estas ataduras, permitiendo así que su relación sea saludable y equilibrada. La personalidad y la autoestima de una niña, se forma durante la etapa del desarrollo de *"Iniciativa vs culpabilidad"* desde los 3 a 6 años. A esta edad la niña manifiesta la necesidad de interactuar íntimamente con su padre y se aleja íntimamente de su madre con quien desarrolla un sentimiento de competencia y rivalidad, mayormente por el amor del padre. A esta edad, es donde por primera vez, se da el coqueteo, el nudismo y se marca la preferencia sexual. Aquí es donde "el complejo de Edipo" toma control de la mente del niño que lucha por el amor de la madre y la niña por el amor del padre. También aquí dependerá las relaciones futuras y la formación de la personalidad y la autoestima.

El modelo social de una mujer

La niña que ha sido tratada sin valor y rechazada puede crecer sintiendo que merece el maltrato, conformándose con las migajas de afecto de los demás. Esta experiencia puede llevarla a adoptar una mentalidad de víctima, culpando a otros por sus problemas. Muchas de estas mujeres reprimidas asocian el afecto con el intercambio físico, convirtiéndose en símbolos de sensualidad y buscando ser el centro de atención a través de comportamientos coquetos. Aunque pueden parecer ingenuas, su deseo de atención es un intento de llenar un vacío emocional. Creen que su identidad depende de la validación masculina, intentando resolver las heridas de una infancia dolorosa. Sin embargo, Dios desea liberar a esa niña atrapada en el interior de la mujer, permitiéndole disfrutar de una madurez auténtica. El sentimiento de culpa y de inferioridad mantiene a esta niña prisionera, llevando a la mujer a vivir en función de las apariencias y comparaciones, siempre en busca de ser "la mujer perfecta".

La mujer afectada y marcada desde la niñez

La mujer es profundamente afectada en su niñez, especialmente entre los 7 y 11 años, durante la etapa de "laboriosidad vs. inferioridad". En esta fase, la búsqueda de aceptación puede intensificar conflictos emocionales, especialmente si ha experimentado rechazo en casa, lo que alimenta un sentimiento de inferioridad. Como adulta, puede obsesionarse con las apariencias y la vanidad, creando una careta que oculta su verdadera identidad y dependiente de la validación externa. La etapa de laboriosidad es clave para desarrollar destrezas mentales y emocionales, así como habilidades de liderazgo. Sin embargo, los sentimientos de inferioridad pueden llevarla a menospreciar a otros en lugar de contribuir positivamente, afectando su crecimiento personal y sus relaciones interpersonales.

Una mujer inmadura afecta a los hijos

Una mujer atrapada en la etapa de inferioridad puede afectar profundamente a sus hijos, mostrándose despectiva y generando comparaciones negativas entre ellos. He escuchado a mujeres usar sobrenombres despectivos y expresar inferioridad con frases como: "Te parece a tu papá", "Debes ser el mejor de la escuela" o comentarios racistas sobre diferentes grupos. Estas actitudes no solo reflejan su propia inseguridad, sino que también enseñan a los hijos a menospreciar y rechazar a otros por su apariencia. Una persona dominada por la inferioridad puede causar un daño significativo en su entorno, y para sanar, necesita confrontar su propia inseguridad y las manifestaciones negativas de su comportamiento.

Dos formas de conocer la inferioridad en una persona:

- **Siendo sumiso:** La persona con problemas de inferioridad tiende a someterse a otros para ser aceptada, impulsada por el miedo al rechazo y a perder amistades. Desde niña, ha aprendido a someterse a sus padres para evitar castigos emocionales, y este patrón se repite en la adultez. Se inclina ante figuras que percibe como influyentes o poderosas, mientras menosprecia a quienes considera inferiores o menos importantes.

- **Siendo soberbio u orgulloso:** La soberbia y el orgullo son formas de expresar la inferioridad, donde la persona se cree superior a los demás debido a su apariencia o cualidades externas. Estas personas suelen ser egocéntricas y narcisistas, buscando constantemente la admiración y el cariño de otros. Sus acciones están motivadas por el deseo de impresionar, y muchas veces, una mujer con problemas de inferioridad depende de su físico para sentirse valiosa y convencerse de que es mejor que las demás.

El enemigo sabe donde estás atrapada

El enemigo aprovecha cualquier situación negativa del pasado para frenar el progreso de la mujer, encadenando su mente y su alma, impidiendo que se levante. Las dos etapas de mayor impacto en la vida humana son "iniciativa vs culpabilidad" y "laboriosidad vs inferioridad", ya que de ellas depende la formación sana de la personalidad. Aquí es donde Jesús ofrece una solución y descanso emocional (Mateo 11:29). Una persona marcada por la rebeldía (culpabilidad) no puede encontrar paz mental debido al resentimiento y la falta de perdón. Asimismo, quien tiene un alma pretenciosa y orgullosa (falta de humildad) no puede amar a los demás, ya que los ve como inferiores.

¿Puede una mujer niña ser libre?

Cuando una niña es marcada por las dificultades en las etapas de desarrollo, puede que no crezca mental ni emocionalmente. Aunque físicamente alcance la madurez, seguirá manifestando comportamientos infantiles. Para cambiar, es esencial reconocer el problema y seguir algunas pautas que pueden ayudar:

1. ***Identificar el problema:*** *Buscar en el interior, no en el exterior.*
2. ***Vencer el temor y la vergüenza:*** *Superar el miedo al rechazo.*
3. ***Confesarlo:*** *Hablar del dolor hasta que ya no duela.*
4. ***Orar:*** *Reconocer que hay cosas que solo Dios puede aliviar.*

Los problemas emocionales y su origen

Las dificultades emocionales comienzan en las primeras etapas de la vida. Aunque ya he mencionado esto, quiero reiterarlo para una mejor comprensión. Por ejemplo, la baja autoestima se origina alrededor de los 2 años, en la etapa de "autonomía vs. duda y vergüenza", donde la timidez y el miedo pueden apoderarse de la mente del niño, generando inseguridad. En la etapa de "iniciativa vs. culpa", la persona dominada por la culpa vive a la defensiva y en constante victimización. Desde pequeñas, a las mujeres se les ha hecho creer que son débiles y responsables de los problemas ajenos. Además, muchas han sido inculpadas por haber sido tocadas inapropiadamente, siendo vistas como objetos sexuales. A menudo, se les presenta como maniquíes o muñecas de exhibición para promover productos, transmitiendo el mensaje de que su valor reside en su apariencia externa y no en su intelecto. Esta percepción se perpetúa porque muchas han permitido que se les trate así, al tener un concepto muy bajo de sí mismas.

Te herirá en el calcañar

El calcañar simboliza los primeros pasos, el origen y la estabilidad humana. Si la mente fue mal enseñada durante la niñez, se crean patrones de hábitos y conductas negativas, guiando a la persona por sentimientos inestables que afectan su comportamiento e interacción con los demás. La base del desarrollo humano se forma en el hogar, donde se reciben las costumbres y valores que determinarán cómo será la persona en la adultez.

Las personas afectadas por desconfianza, vergüenza, culpa, inferioridad y confusión enfrentan serios problemas emocionales relacionados con su identidad, lo que resulta en una falta de conexión íntima. El enemigo interviene desde la niñez para dañar cada una de estas etapas, afectando los primeros pasos y limitando el caminar libre por la vida. Especialmente se dirige a las emociones de las niñas, ya que son ellas quienes conservan la semilla de vida y transmiten educación a sus hijos desde el vientre.

Los problemas no resueltos de la infancia son males presentes que afectan al mundo. Para lograr sanidad, es necesario analizar cada etapa del pasado y reconocer dónde hemos sido heridos, comenzando desde ahí a liberarnos (Isaías 58:6). Muchas mujeres necesitan sanar sus emociones para poder transmitir a sus familias una educación que promueva la paz y la estabilidad del alma. Sin sanidad emocional, será difícil vivir en LIBERTAD DE ESPÍRITU (Isaías 61).

Hay que identificar el daño para sanar

Para sanar la culpa, es fundamental identificar la falta de perdón, el rencor, el enojo y la actitud de víctima, que lleva a reaccionar desproporcionadamente y a creer que el problema está en los demás. Es importante dejar de ser excesivamente sensible y ofenderse por cualquier cosa. En cambio, aprender a perdonar liberará tu alma y te permitirá avanzar.

Si quiere ser libre de la inferioridad

Reconocer tu falta de sencillez y humillarte bajo la mano del Creador es esencial para liberar tu alma del poder del infierno, ya que el orgullo fue la causa principal que destituyó a Satanás de la presencia de Dios. Deja atrás la hipocresía y la necesidad de complacer a los demás, mientras tu interior permanece negativo. Acepta tus errores sin temor al juicio ajeno y muestra que eres un ser imperfecto que necesita arrepentimiento. Cuida tu actitud hacia tus logros y evita menospreciar a los pequeños y desvalidos. Examina tus anhelos para asegurarte de que no oculten el deseo de poder. Por último, lo que enseñas a tus hijos sobre cómo tratar a los demás es crucial para protegerlos del racismo y el rechazo, que son obra del diablo.

Al volver al trauma donde fuiste derribada

Tu sanidad emocional comienza cuando confrontas las experiencias negativas de tu niñez, trayéndolas a la luz para identificarlas y conocerlas, a pesar del dolor que puedan causar. Al igual que Moisés, quien no soltó al ángel hasta ser liberado, debes aferrarte a la oportunidad de sanar. Esas emociones atrapadas mantienen al alma en la oscuridad, y Dios busca liberarte de ellas. Aunque los recuerdos sean dolorosos, es esencial identificarlos y confesarlos hasta que dejen de doler. Al principio, puede que te sientas mal, pero con el tiempo experimentarás alivio, ya que incluso lo malo puede transformarse en algo positivo que te ayude a crecer. Hasta que no te liberes de esos sentimientos negativos, no podrás sentir las alas que Dios te ha dado para volar alto y vivir en libertad, más allá del dolor del pasado.

Es la voluntad de Dios es tu sanidad

Dios desea que alcemos vuelo hacia su monte alto, pero para lograrlo, ningún bejuco mental puede detenernos en la tierra. Nuestro Padre Celestial ya nos otorgó el triunfo, especialmente sobre la vergüenza que ha llevado a las mujeres a esconder su verdadera identidad tras una careta de apariencia y falsedad. La culpa ha hecho creer a la mujer que es responsable de los males del mundo por el fracaso de Eva en el huerto del Edén, lo que ha llevado a muchas a sentirse indignas del amor humano e incluso del amor divino. La sensación de inferioridad ha convencido a las mujeres de que, para ser aceptadas, deben cumplir con estándares de belleza que exigen constantes cambios en su apariencia. Esto ha contribuido a la ansiedad y la depresión, al ver la imposibilidad de satisfacer esas demandas sociales. Las mujeres atrapadas en la confusión emocional no pueden reconocer su verdadero potencial ni el privilegio de ser las progenitoras de la humanidad. Es hora de que cada mujer decida ser única y auténtica.

Capítulo VI

LA MUJER Y SU SEXUALIDAD

La sexualidad está relacionada con el desarrollo biológico y el funcionamiento fisiológico de cada órgano del cuerpo, así como con el desarrollo de los cinco sentidos que conforman la imagen de un ser humano. Es todo lo que somos: nuestro caminar, reír, hablar, mirar y tocar. La sexualidad nace y muere con uno, siendo la interacción del alma con el mundo exterior a través de los sentidos. Cada persona posee una identidad única que define su sexualidad personal. Sin embargo, en relación con la sexualidad de la mujer, su verdadero significado ha sido distorsionado. A menudo, se la considera un símbolo morboso y desprovisto de valor, reduciéndola a un objeto sexual o a una máquina reproductora. A las mujeres se les ha hecho creer que su único propósito es el placer sexual de los hombres y el cuidado del hogar. Cuando una mujer recibe una educación distorsionada sobre su sexualidad, puede desvalorizarse y aceptar las etiquetas impuestas por otros. La sexualidad tiene dos lenguajes: el emocional, que generalmente domina la mujer, y el lógico, que tiende a ser más fuerte en el hombre. Esta diferencia en la forma de pensar y sentir puede llevar a malentendidos en sus interacciones.

En el acto sexual

La mejor manera de conectar y conocer el alma de otra persona es a través del diálogo y la escucha activa de sus emociones. Por eso, el noviazgo es un momento crucial para que las parejas practiquen una verdadera sexualidad, comenzando con el desarrollo de los sentidos: la vista, el oído, el olfato, y culminando en la entrega física. Sin embargo, el problema surge después del matrimonio, cuando muchos se preguntan: ¿qué pasó? Durante el noviazgo, muchos hombres se acondicionan mentalmente para conquistar a la mujer a través del diálogo, sabiendo que su sexualidad se estimula por los oídos. Así, se vuelven dulces y poéticos hasta ganarse su corazón y asegurar su lugar en el hogar. Pero una vez que logran su objetivo, su mentalidad cambia, rompiendo la botella emocional de su cerebro y regresando a un enfoque lógico. Muchos hombres olvidan cómo conquistaron a una mujer con la comunicación y la seguridad emocional que brinda la comprensión. Creen que las mujeres solo necesitan lujos, joyas, un hogar y sexo, olvidando que ellas simbolizan el corazón y el lado emotivo del amor.

Cuando la esposa es descuidada íntimamente

Cuando el hombre se vuelve más lógico que emotivo en la relación, descuida el lazo íntimo con su esposa, lo que lleva a la manifestación del abandono emocional. Este abandono se traduce en una falta de conexión íntima, haciendo que la relación se torne superficial y provocando frialdad y apatía. La ausencia de nutrición emocional y la escasa práctica afectiva debilitan los lazos que unen a la pareja. La mujer, en particular, puede experimentar un hambre y sed de atención que la empujan a un estado apático, raquítico y depresivo, como si la estuvieran matando lentamente. Con el tiempo, pierde sensibilidad emocional y se seca, en parte por la negligencia del hombre. En esencia, el comportamiento de una mujer puede reflejar el trato que recibe de su pareja.

La insatisfacción sexual en la mujer

La insatisfacción sexual en muchas mujeres puede deberse a diversos factores, como cambios hormonales, estado de ánimo y, especialmente, el trauma físico, emocional y psicológico del parto. Después de dar a luz, una mujer necesita entre tres y cinco meses para recuperarse completamente, y hasta que su cerebro no se regenere, es probable que su mente esté resistente a la actividad sexual. Sin embargo, muchos hombres, por falta de empatía, ignoran esta necesidad y buscan reanudar las relaciones sexuales demasiado pronto, a menudo sin considerar el dolor que su pareja ha experimentado. Esta presión puede llevar a algunas mujeres a desarrollar una aversión duradera al sexo. Lo ideal sería que el hombre mostrara comprensión y paciencia, permitiendo que su pareja se recupere y volviendo a conquistarla, estimulándola emocionalmente hasta que esté lista para confiar nuevamente en la intimidad.

El sexo microonda

Muchos hombres prefieren un sexo rápido y sin compromiso, a menudo con amantes, en lugar de cultivar una conexión emocional con sus esposas, quienes necesitan atención y cariño diario. Los hombres tienden a desconectarse de sus emociones, lo que las mujeres a veces no comprenden. Algunos solo buscan intimidad en momentos de necesidad, y luego culpan a sus esposas por ser frías. Las mujeres necesitan tiempo y estímulos para sentirse conectadas; de lo contrario, pueden perder interés. Este enfoque puede llevar a que los hombres sientan rechazo y que sus esposas se sientan desatendidas. La Biblia señala que un hombre que no cuida bien a su esposa también enfrenta problemas en su relación con Dios.

✓ *Todo lo que el hombre siembra eso mismo…(Gálatas 6:7)*
✓ *"Vosotros, maridos, igualmente, vivid,…(1 Pedro 3:7).*

Entendiendo el lenguaje

Es ilógico intentar comunicarse con Dios, un ser completamente espiritual, si no sabemos hablar ni escuchar a otros seres humanos. Muchas mujeres se sienten abandonadas no solo por sus esposos, sino también por sus hijos. El lenguaje emocional de la mujer expresa sus pensamientos y sentimientos, y a menudo, lo único que necesita es desahogar la energía acumulada durante el día. Sin embargo, muchos hombres prefieren evitar escuchar estas conversaciones. Las mujeres, como recipientes abiertos de información, necesitan expresar al menos 5,000 palabras al día para sentirse en paz al dormir. Si los hombres pudieran ser ese espacio de escucha, sería mucho más fácil para ellas.

Hay un conflicto en la comunicación entre la pareja

Muchas personas enfrentan un divorcio entre el sentido de la boca y el oído, ya que desde niños no aprendieron a comunicarse de manera saludable. Esto se suma a la diferencia entre el lenguaje emocional de la mujer y el lógico del hombre. Por lo general, la mente del hombre no puede procesar tanta información a la vez como la mujer, lo que complica aún más la comunicación.

La persecución dentro del hogar

Cuando las mujeres no se sienten escuchadas ni emocionalmente conectadas con sus esposos, a menudo recurren al ataque verbal para llamar su atención, lo que empeora la situación, ya que los hombres tienden a huir cuando se sienten atacados. La falta de buena comunicación genera serios problemas de interacción, haciendo que parezca que hablan idiomas diferentes. Esto provoca que las mujeres se sientan solas y abandonadas en la relación. Es importante recordar que la glándula del placer en la mujer se estimula a través del oído, pero muchas veces los hombres evitan hablar. Esta falta de conexión emocional puede llevar a inseguridades y celos en las mujeres.

Es un error despertar la sexualidad lógica del hombre

La mujer sabe que la sexualidad del hombre se activa a través de la vista, por eso muchas se visten de manera provocativa. Este comportamiento a menudo surge de la baja autoestima, la culpa y la inferioridad que experimentan desde pequeñas. Al crecer con una imagen errónea de sí mismas, buscan la atención masculina usando su belleza, lo que puede desvalorizar su verdadera esencia. Esto solo provoca que el hombre las vea como un objeto de deseo momentáneo. En cambio, cuando una mujer se conecta emocionalmente con un hombre, se gana su corazón. Los hombres desarrollan sus emociones cuando la relación se basa en la amistad y el diálogo durante el noviazgo, en lugar de centrarse solo en el sexo. Si una mujer actúa como un cebo, solo provocará impulsos temporales, y la relación puede terminar rápidamente. Para que una relación sea duradera, la mujer debe tener el control. Muchas mujeres hermosas están solas y saltan de una relación a otra, creyendo que sus encantos pueden asegurar el amor verdadero, pero se equivocan. Solo una amistad íntima cultivada durante el noviazgo puede llevar a un amor genuino.

La sensualidad y la seducción arma de doble filo

En cuanto a la vestimenta, la mujer debe recordar que la sexualidad del hombre se estimula por los ojos. Vestirse de forma provocativa puede convertirse en un arma de doble filo, ya que puede servir como un estímulo sexual para él, fomentando instintos que a menudo son superficiales. Esto dificulta que el hombre conecte emocionalmente con su alma, ya que la verá únicamente como un objeto sexual. La mujer debería vestirse de manera bonita y apropiada, pero sin pretensiones ni coqueteo, especialmente si busca un compañero. La sensualidad y el deseo de atraer miradas pueden llevar a la mujer a buscar atención para elevar su ego, a menudo en detrimento de otras mujeres. Este comportamiento puede generar rivalidades y resentimientos. Quienes luchan con la lascivia a menudo encuentran difícil mantener una relación estable, ya que siempre buscan atención adicional, sintiendo que su pareja no cumple con sus expectativas. Detrás de la infidelidad y la promiscuidad, frecuentemente se oculta la lascivia.

La mujer con identidad no muestra mucho

Si deseas ser valorada por un hombre, no le muestres demasiado ni intentes llamar su atención solo por tus atributos. Esto no te ayudará; él podría verte solo como un objeto de deseo. Valórate, mujer; lo que eres no se puede comprar en ningún mercado. Tú tienes el poder de cambiar esa percepción y dejar de ser vista como una presa fácil. Levanta tu dignidad. Un hombre que solo busca tener sexo contigo por tu apariencia no te ama realmente. Una vez que esté contigo, te olvidará al encontrar a otra que le atraiga más. ¡No lo permitas!

Convertirse en un objeto sexual

En 1 Timoteo 2:9 se habla de cómo debe vestirse una mujer, con ropa decorosa. Pablo comprendía que la debilidad del hombre radica en los ojos. Cuando una mujer se viste de forma provocativa, solo despierta la sexualidad lógica del hombre. Es mejor dejar que la imaginación despierte el interés en el juego de la pasión. La mujer debería esperar con paciencia una conexión emocional con su amado y actuar con una actitud piadosa, honesta y sin pretensiones para lograr una relación positiva.

El valor y el respeto femenino

Se han perdido, en parte, porque muchas mujeres permiten ser vistas como objetos de exhibición. Un hombre puede comparar a una mujer atractiva con una comida apetitosa, pero depende de ella decidir si se deja "comer". Las mujeres con problemas de inferioridad suelen creer que su valor está en su apariencia y buscan atención externa, confundiendo afecto con intercambios sexuales.

Vestimentas provocativas es una espada de doble filo

A menudo tiene sus raíces en una mala formación durante la niñez. Hoy en día, muchas mujeres viven del sobre-estímulo sexual, creyendo que esta es la mejor forma de lograr relaciones estables. Mujer, cúbrete con el manto de piedad, pureza y justicia para reflejar el valor de tu interior y la virtud que puede elevar a una generación bendecida por Dios.

Las damas de la iglesia de Cristo

Estamos llamadas a ser personas limpias y puras que reflejen confianza en nuestras interacciones. Una persona con problemas sexuales ya sea consciente e inconscientemente, proyecta sus dificultades a través de su forma de vestirse, buscando llamar la atención, lo que genera desconfianza. Una mujer con problemas de lascivia, aunque se vista con ropa decente, puede manifestar sus dificultades a través de un comportamiento provocativo y sensual, siendo potencialmente dañina para los demás y destructora de hogares.

La buena base de una relación

Si durante el noviazgo la pareja aprendió a interactuar de manera sana, comprensiva e íntima, fundamentada en la honestidad, la sinceridad y una buena comunicación, la relación matrimonial será exitosa. Aquellos que construyeron su relación con empatía y tolerancia durante el noviazgo perduran en el tiempo, aceptando y negociando debilidades para mantener una convivencia armoniosa. Los secretos, las mentiras y la hipocresía generan inseguridad y celos, los mayores enemigos que obstaculizan el verdadero vínculo afectivo. Satanás busca pervertir la interacción de la mujer, especialmente ante los hombres, para que pierda su moral y el buen testimonio que debe mantener frente a sus hijos y demás. En otras palabras, el enemigo quiere dañar la imagen de la iglesia para que la gente desconfíe y se aleje de la verdad.

Sabe pelear como una leona

La mujer es un ser valiente, capaz de enfrentarse a cualquier adversidad como una fiera para defender lo que es suyo. Aunque sufra, no se rinde. Desde la antigüedad, ha pagado un alto precio por ser la reina de esta tierra, y el Creador se compadece de ella, brindándole su amor. Ha enfrentado grandes obstáculos, como los malos hábitos que la han hecho sentir inmerecida, esclava o como una cenicienta, cuando en realidad es una reina. ¡Vamos, levántate, mujer!

Capítulo VII

LA MUJER ES ÚNICA EN SU LUCHA

No ignores que tu lucha no es contra carne ni sangre, sino contra el mal; el enemigo buscará cualquier medio para derribarte y pisotearte, porque si logra tumbarte, tu casa también se caerá. Tus armas son poderosas en Dios "para la destrucción de fortalezas" (2 Corintios 10:4-6), y con la sabiduría que proviene de la Palabra de Dios, "tú herirás en la cabeza a Satanás." Aunque él intente herirte en tus pies, con el poder de la Palabra, volverás a levantarte en el nombre de Jesús. Aunque Satanás pudo tumbar a nuestros primeros padres en el huerto del Edén, Jesús vino a restaurarnos a través de su sacrificio. El enemigo puede atacarte a través de tu esposo, hijos o personas cercanas, buscando herirte donde más duele, pero recuerda que tu arma más poderosa es la fe desarrollada en "LA PALABRA DE DIOS" (Génesis 3:15). Jesucristo, como primogénito y simiente en nuestros corazones, ganó nuestra victoria en la cruz. La Palabra de Dios es la única arma que nos permite vencer al enemigo en la mente, transformando nuestras emociones (Romanos 8:29). Cuando Jesús es concebido en nuestro interior, somos transformados por su sangre y podemos educar a nuestra simiente con la Palabra de Dios, para que resplandezcan en las tinieblas.

No tiene temor de la circunstancia

Detente a mirar la vida de Séfora, esposa de Moisés y madre de Gersón y Eliezer. Conocida como "cusita" o "extranjera", Séfora fue puesta en el camino de Moisés con un propósito divino, a pesar de las críticas de su familia. Las leyes israelitas prohibían el casamiento con extranjeros para evitar la influencia de enseñanzas idólatras, pero Moisés eligió a Séfora, lo que provocó la ira de sus hermanos, Mirian y Aarón, quienes fueron castigados por Dios por oponerse a su unión.

Problema de aceptación familiar

Este relato refleja las dificultades que muchas parejas enfrentan hoy debido a diferencias culturales, creencias o estatus social y en muchos casos el rechazo de los familiares de la pareja. A pesar de estas oposiciones, como Séfora, podemos mantener una actitud madura, sabiendo que Dios pelea por sus hijos y tiene un plan para aquellos que lo aman. Séfora actuó como mediadora entre lo divino y lo terrenal, demostrando que a veces, las relaciones que parecen absurdas tienen un propósito divino.

Dios tiene un plan en tu relación

Dios usa a la mujer para atraer al hombre hacia Él, y Séfora, hija de un sacerdote madianita, jugó un papel crucial al salvar a Moisés de la muerte por no circuncidar a su hijo, lo que refleja la importancia de la obediencia a la Palabra de Dios. Esta historia nos enseña que, independientemente de nuestro llamado, lo esencial es nuestra obediencia y comunión con Dios, ya que la desobediencia puede llevar a la muerte espiritual. Dios no hace acepción de personas; su prioridad es la fidelidad a Su Palabra.

La Obediencia de Séfora

- **La circuncisión:** La circuncisión simboliza la sujeción a Dios, representando un corazón puro y limpio, donde Su Palabra puede germinar y dar fruto a través de la fe. Séfora, hija de un sacerdote madianita, es un ejemplo de la iglesia de Cristo, que, a pesar de no pertenecer al linaje de Israel, mantiene su llamado como sacerdotisa. Su encuentro con el Espíritu Santo y su obediencia a las Escrituras la convierten en mediadora entre Dios y la humanidad, salvando al mundo de la muerte eterna. Así, como iglesia, estamos llamados a promover la transformación del corazón de la humanidad, circuncidándolo y viviendo plenamente para Dios, guiando a otros hacia la fe y la redención.

- **La piedra filosa utilizada por Séfora:** Para circuncidar a su hijo simboliza la Palabra de Dios, que corta lo más profundo del corazón y purifica. Este instrumento es esencial para romper el lazo con el pecado. Séfora libró a Moisés del Dios "terror" en la noche, mostrando que, al discernir el propósito divino, se libera el alma de la muerte eterna. Mientras estemos atados al pecado, nuestro camino se detiene, incluso si somos hijos de Dios (Romanos 6:23).
- **La desobediencia a la Palabra:** Es el principal obstáculo que nos aleja del propósito divino. Aunque tengamos un llamado, Dios anhela que le entreguemos nuestro corazón por completo. No importa cuán grandes sean nuestras obras, si hay ataduras al pecado, enfrentamos la muerte espiritual. Séfora simboliza la iglesia que debe utilizar la Palabra como el instrumento que rompe toda atadura con la muerte.
- **Como intercesora:** Así como Séfora, estamos en la tierra como intercesoras por nuestra familia, sin caer en el pecado como las cinco vírgenes imprudentes (Mateo 25). Debemos discernir el mal en el mundo, donde las tinieblas predominan y el ángel de la muerte busca destruir. Séfora es un ejemplo de valentía, animándonos a levantar la fe y a declarar la autoridad de la Palabra contra el pecado que impide la vida eterna.
- **Deja atrás el lamento por críticas y rechazos:** Usa tu autoridad como reina y sacerdotisa para alinear los planes de Dios en tu vida y en tu familia. Abre tu mente para discernir tu misión en la tierra y llévala a cabo. ¡No permitas que las opiniones ajenas te aplasten! Reconoce quién eres ante Dios y los demás. Recuerda que la salvación no se basa en el ministerio de otros, sino en la purificación del alma y en romper con el pecado.

- **Tu situación es única:** Tal vez veas a otros prosperar y tener un gran ministerio como Moisés, mientras tú te sientes ignorada, criticada y menospreciada. Pero recuerda, tu tiempo llegará para marcar la diferencia y salvar a otros. Quienes te critican carecen de visión y no comprenden tu propósito. Reconoce quién eres y para qué fuiste llamada; solo obedece la Palabra y deja que el Espíritu Santo te guíe. A su debido tiempo, verás tu salvación. No compares tu prueba con la de nadie, porque cada uno tiene su propia batalla que enfrentar, según su capacidad mental y emocional.

Capítulo VIII

LA MUJER EN EL ORDEN DE LA CREACIÓN

Dios ha establecido límites y funciones para cada persona en su creación. En el mundo, Él desea que nos sometamos a una estructura y disciplina que mantenga el orden humano. Este orden comienza con Dios como la cabeza de la creación: el Alfa y la Omega, el principio y el final. Los ángeles también tienen su jerarquía, con Serafines de seis alas (Isaías 6:2-6), Querubines de cuatro alas (Ezequiel 10:21), así como arcángeles y ángeles con dos alas, cada uno con una misión específica en el reino espiritual. En cuanto al hombre, fue creado primero y colocado como cabeza de la creación, mientras que la mujer, creada después, fue destinada a ser guiada e instruida por él. De manera similar, Jesús es la cabeza de la iglesia, otorgando todo el conocimiento necesario sobre el reino de Dios y los eventos futuros. Así, Dios revela y enseña a su iglesia sobre su creación y su plan divino.

1 Timoteo 2:13: *"Porque Adán fue creado primero, después Eva"* ...

Una mujer sabia y madura

Eva poseía la capacidad de comprender su entorno, no solo al recibir el mandato de Dios y las instrucciones de Adán, sino también al aprender de la serpiente y de Satanás. La humanidad tiene un deseo innato de conocer la verdad, tanto en lo bueno como en lo malo (2 Timoteo 4:3). Satanás ha buscado distorsionar la enseñanza positiva, aprovechándose de la inmadurez humana para alejarla de la verdad. Aunque Dios protegió la mente de Adán del mal, Eva, con su curiosidad, descubrió algo que ni siquiera él sabía: la presencia de un maligno. Con valentía, confrontó al enemigo sin saber que en ella residía el potencial para su destrucción futura. La culpabilidad de Eva es discutible, pues su inocencia y apertura al conocimiento la llevaron a esta situación. Dios, al perdonar a la humanidad representada en Eva, mostró comprensión en lugar de condena. Al encarnarse en Jesús, Dios se unió a la humanidad, bajando a su nivel para salvarla del mal y liberarla de la condenación eterna. Este acto es un reflejo del amor verdadero, que se mantiene firme en las buenas y en las malas. Adán, al permanecer junto a Eva, ejemplificó ese amor incondicional, cumpliendo la promesa matrimonial de estar juntos en todas las circunstancias.

El Orden Divino
1. **Dios:** El primero, dueño y cabeza de la creación.
2. **Hombre:** Primer ser creado, representa a Dios como cabeza de la mujer (la humanidad o la tierra).
3. **Mujer:** Representa la creación, la tierra, la humanidad, la iglesia y la nación.
4. **Creación:** Incluye el reino animal, vegetal, solar y planetario.

Sometimiento a la Palabra de Dios

Cuando las Escrituras mencionan el sometimiento, se refieren a la misión que cada uno desempeña en la tierra. Para que todo funcione adecuadamente, es crucial reconocer la posición y función de cada persona y apoyarlo sin interferencias. Sin orden, el universo caería en el caos; incluso el mar, los planetas, las estrellas, la vegetación y los animales operan dentro de un orden y límites que permiten la armonía. La mujer, como parte de la humanidad, debe someterse a la Palabra de Dios y al Espíritu Santo, el único medio que transforma y libera del mal. Nuestra humanidad debe permanecer en silencio ante Dios (Jesucristo) para poder escuchar su dirección divina y sus enseñanzas, que son las únicas capaces de cambiar y liberar la mente de la condenación eterna. Como iglesia, este es nuestro llamado: mostrar al perdido el camino de la verdad y ser el vehículo que el Espíritu Santo usa para llevar el pan de vida, la verdad que ilumina la mente y disipa la ignorancia.

La Autoridad de Reinar

Dios nos otorgó la autoridad para reinar, como se menciona en Génesis 1:27-28 y Apocalipsis 1:6. No solo nos declaró que la tierra es nuestro hogar, sino que también nos dio el poder de ministrar los asuntos de su reino en ella. Nos entregó un hogar para gobernar y estableció leyes que debemos aplicar para mantener un linaje de un pueblo diferente. La bendición divina nos llama a "fructificar y multiplicarnos; llenar la tierra y sojuzgarla." Esto implica que debemos ejercer autoridad sobre los peces del mar (nuestros sentimientos), las aves del cielo (nuestros pensamientos) y todas las bestias que se mueven sobre la tierra (nuestra naturaleza impulsiva e irracional). Al hacerlo, reflejamos el orden y propósito de Dios en nuestra vida y en el mundo.

Ser Ayuda Idónea

Dios creó a la mujer como ayuda idónea para ser una compañera íntima del hombre, sacándola de su costado para simbolizar una unión fiel (Génesis 2:18). No se la hizo para ser una carga ni para ser sometida, sino para contribuir a su vida. Su rol va más allá de procrear; implica un aporte intelectual y emocional vital para la familia y la sociedad (Proverbios 31:26). Sin embargo, la mujer a menudo enfrenta la codependencia, necesitando una conexión auténtica para ser funcional. La unidad entre pareja refleja el latido del corazón, simbolizando la vida y las emociones compartidas (Amós 3:3). Cuando ambos tienen el mismo propósito, la relación florece. La mujer complementa al hombre, cuyas capacidades pueden ser más lentas en el procesamiento de información (1 Pedro 3:7). Dios eligió crear dos seres opuestos para multiplicarse (Génesis 1:27-28), y la mujer, como ayuda idónea, no solo apoya al hombre, sino que también juega un papel esencial en el mandato divino de llenar y gobernar la tierra.

Para que sea parte del plan divino
Dios eligió crear al hombre y la mujer en momentos diferentes para destacar el propósito individual de cada uno y permitir un encuentro personal con ellos. Este enfoque resalta el valor que tiene cada ser humano en la tierra. El hombre simboliza a Dios y la parte espiritual, mientras que la mujer representa la tierra. Al unirse, juntos reflejan a Jesús Emmanuel, la manifestación del Espíritu Santo en la vida humana. Dios estableció al hombre como cabeza y autoridad sobre la mujer, lo que representa la autoridad del Espíritu Santo sobre aquellos que deciden rendir su voluntad completamente a Él (Efesios 5:22-23). Así, cada uno cumple un rol esencial dentro del plan divino, colaborando en la realización de Su propósito en el mundo.

<u>Interpretación</u>
- **La misión de la mujer en el orden divino:** Según 1 Corintios 11:8-9, la mujer tiene la misión de someter su naturaleza humana a la Palabra de Dios, buscando salvación y vida eterna. Dios declara que "la mujer procede del hombre", enfatizando que la tierra es de Él, creada desde Su esencia.
- **El hombre como cabeza:** Representa la parte espiritual y autoridad, siendo el primero de todas las cosas (1 Corintios 11:3). Dios lo establece como líder, otorgándole libre albedrío para decidir a quién seguir.
- **Igualdad entre hombre y mujer:** Aunque la mujer proviene del hombre, también el hombre procede de la mujer, lo que destaca la interdependencia (1 Corintios 11:9).

- **Cristo como cabeza de la iglesia:** "Cristo es la cabeza de todo varón" (1 Corintios 11:3), estableciendo así la autoridad divina sobre la humanidad.
- **El hombre como jefe de familia:** Es responsable de cuidar y proteger su hogar, educando a cada miembro de forma individual, como Dios hizo con Adán y Eva.
- **Ayuda idónea:** La mujer, al prestar su vientre, permite que la semilla de vida germine, representando el conocimiento que produce frutos de vida (Génesis 1:28).
- **Concepción y parto:** Este acto refleja el amor y la unión de Dios con la humanidad. Cada fruto de arrepentimiento es el resultado de la obra del Espíritu Santo en nosotros, extendiendo el reino de Dios en la tierra (Gálatas 5:22-23).

Usa tu cabeza y no sea cola (Génesis 2:24)

Como iglesia, debemos asumir el papel de cabeza, educando y dirigiendo a la humanidad hacia la verdad, para que escapen de los juicios venideros. La cola carece de ideas y sigue a otros, guiada por vientos de doctrina (Efesios 4:14). El versículo nos recuerda la misión que tenemos en Cristo. Dios dejó su trono y se unió a la humanidad para mostrarnos el ejemplo de Emmanuel, quien vino a liberar nuestras mentes de la ignorancia y enseñanzas negativas. El problema del ser humano radica en su forma de pensar. Al seguir patrones generacionales, detenemos nuestro desarrollo mental y espiritual. Jesús se hizo carne para transformar nuestros pensamientos, guiándonos hacia un mejor destino (Romanos 12:2). Su propósito es liberar al hombre de las ataduras del pasado, para que nuestras emociones encuentren seguridad en Su Palabra (Juan 14:21-31).

Ser impulsiva afecta tus decisiones

Las personas inmaduras y sin entendimiento carecen de sabiduría, siendo impulsivas y dejándose llevar por ideas externas, lo que las lleva a problemas serios. Dios desea que adquiramos sabiduría y que nuestros pensamientos estén resguardados por el Espíritu Santo, para evitar la confusión del mal (Santiago 1:5). Sin la dirección del Espíritu, somos como "chiringas" llevadas por el viento de la duda. Para que se cumpla el propósito de Dios en nosotros, debemos someternos a Su voluntad y estar disponibles para la multiplicación de vidas (Mateo 28:19). Jesús es la cabeza, ya que Su Palabra es la verdad que nos salva (Juan 14:6). Por Su Palabra se fundaron los cielos y la tierra (Salmos 33:6-9), y mediante ella volveremos a casa (Apocalipsis 2:7). Cuando actuamos como cabeza, tomamos decisiones por nuestra propia voluntad, alineadas con lo que Dios quiere para nosotros.

Resultado de la Desobediencia

La desobediencia siempre trae consecuencias. Según Génesis 3:1-19, la mujer, al alejarse del camino de Dios, enfrentó el resultado de su decisión. Dios reafirma la autoridad del hombre: "tu deseo será para tu marido, y él se enseñoreará de ti" (Génesis 3:16). Esto subraya que, aunque la humanidad fue creada para cumplir los deseos divinos, su libre albedrío determina su camino. La pregunta de por qué Dios permite el mal se responde en la madurez del ser humano para tomar decisiones. Existen solo dos caminos: el bien y el mal, y somos responsables de nuestras elecciones (Gálatas 6:7). La caída de Adán trajo desgracia a la tierra, y es a través del trabajo y la dedicación que se cosechan buenos frutos (Génesis 1). Dios envió a Su Hijo para restaurar la luz y la paz en el mundo (Apocalipsis 21).

Dios siempre nos restaura

No importa cuántas veces caigamos; si Dios tiene un plan, se cumplirá. Debemos creer, obedecer y someter nuestras emociones a Su voluntad. Sacúdete de pensamientos negativos y reprende todo lo que te aleje de Él. Jesús se sometió a la humanidad para mostrarnos el camino y pagó un alto precio por nuestro rescate, viniendo a liberar a Eva (la humanidad) de su pérdida.

La Iglesia que Educa a los Hijos del Mundo

La educación ha sido confiada a la mujer (la iglesia) para formar a hombres que amen el bien y busquen el beneficio social, ayudándoles a escapar de los juicios venideros. Una madre llena de sabiduría nutre a sus hijos, enseñándoles disciplina y propósito, contribuyendo así al bienestar de la sociedad. Cada niño que nace es una luz que disipa las tinieblas de la ignorancia. Los hombres de luz vienen al mundo para aportar conocimiento y desarrollo. Sin embargo, una mujer con problemas emocionales puede dificultar el futuro de sus hijos, ya que esas cargas pueden impedir su avance. Es vital que las mujeres reconozcan y busquen ayuda para sus problemas emocionales, para no convertirse en tropiezos para sus familias. Como Eva reveló el mal a su alrededor, la iglesia está llamada a manifestar los misterios de Dios para la salvación, advirtiendo al hombre sobre los juicios venideros (Amós 3:7; Jeremías 33:3). Mujer, levántate y practica la sabiduría; así, tu simiente prosperará y contribuirá al bien común.

¿Por qué parir con dolores? (Génesis 3:16)

La primera vida que Adán recibió fue un regalo que no supo apreciar, lo que permitió que la muerte entrara al mundo. Sin embargo, hay una esperanza de vida eterna, que Jesús vino a ofrecernos a través de su sacrificio en la cruz. Aunque el parto implique dolor, ese sufrimiento resulta en la satisfacción de traer nueva vida, simbolizando que hay que morir a la carne para concebir a Jesús por la fe en Su Palabra. Este proceso de "parir con dolores" representa la lucha y el sacrificio necesarios para recibir la vida nueva prometida por el Espíritu Santo. La sentencia de muerte que recayó sobre la humanidad por la desobediencia fue saldada por Jesús, quien pagó un alto precio para restaurarnos y darnos vida en abundancia (Hechos 14:22; Mateo 24:14; Apocalipsis 2:7). En este contexto, el dolor se transforma en un medio de redención y transformación.

Con el sudor de tu frente comerás el fruto de la tierra

Al principio de la creación, la vida humana fue un regalo que el hombre no supo valorar. Ahora, para obtener la segunda oportunidad de vida eterna, debemos pagar un precio. Esto implica preparar nuestra mente y emociones, rindiéndolas completamente a Dios y aceptando sus mandatos divinos como nuevas leyes a seguir. Debemos crucificar nuestra humanidad junto con Cristo, un proceso que puede ser doloroso. Dios se dirige a nuestra parte espiritual para sembrar la semilla del Árbol de la Vida —su Palabra— y hacer que crezca y dé fruto. Para recibir esta nueva vida, es esencial mostrar un verdadero deseo de ella y dedicar nuestro corazón y mente a que la Palabra germine en nosotros. El cambio se reflejará a través del fruto del Espíritu (Gálatas 5:22).

El matrimonio cristiano y la enseñanza bíblica

Pablo, en 1 Timoteo 2:12-15, establece que no permite a la mujer enseñar ni ejercer dominio sobre el hombre, sino que debe estar en silencio. Esta enseñanza, aunque se dirige a la iglesia de Corinto, tiene relevancia para la iglesia actual, que a menudo refleja la misma falta de reverencia a Dios. En este contexto, Pablo se refiere al orden divino establecido desde la creación, mencionando a Adán y Eva. El hombre, como representación de lo espiritual, debe educar a la mujer, que simboliza la humanidad, sobre la importancia del sometimiento y la obediencia. Cada uno tiene una función específica ante Dios, y es crucial reconocer y valorar esa posición. La mujer debe someter su naturaleza a la Palabra de Dios y evitar enseñar desde su propia sabiduría o doctrinas humanas que desvían de la verdad. Para que el Espíritu Santo revele la verdadera intención de las Escrituras, es necesario un sometimiento genuino de la carne. Sin esta comunión íntima con Dios, nunca podremos escuchar la voz del Espíritu que nos guía hacia la salvación.

La mujer debe mantenerse virgen

Cuando la Biblia se refiere a una mujer de manera espiritual, está hablando de la iglesia de Cristo, que debe cuidarse de toda contaminación del pecado para mantenerse virgen o pura. La iglesia debe someter su naturaleza a las Escrituras y al poder del Espíritu Santo, permitiendo que Él la use como instrumento de advertencia en este mundo. Es vital que la iglesia se mantenga sin contaminación hasta la venida de Jesús (2 Corintios 11:2; Mateo 25). El matrimonio es un compromiso y un pacto de unidad que refleja la relación que Jesús busca con su iglesia. Aunque la iglesia vive en un mundo corrupto, su deber es cuidar su vestimenta espiritual para no contaminarse. Al someter su carne, la iglesia permite que Dios hable a través de ella, guiando a los creyentes hacia el conocimiento de la verdad. Aquellos que creen y someten su carne disfrutarán del reino celestial, mientras que los incrédulos, aquellos que son "colas", enfrentarán condenación por sus propias decisiones (Marcos 16:16-18).

Mujer Eres Única Grisel J. Pitre

Capítulo IX

LA MUJER ÚNICA Y SU APARIENCIA

La Biblia hace un llamado sobre la vestimenta de la mujer, enfatizando que esta debe ser un reflejo de su conducta y testimonio ante el mundo, manifestando amor y piedad. La forma en que nos vestimos puede influir en nuestra misión diaria y en la percepción que los demás tienen de nosotros. Aquellas personas que han experimentado traumas y una mala orientación sexual pueden tener dificultades para establecer conexiones íntimas saludables, y esto se puede manifestar en actitudes de lujuria, vanidad y lascivia, afectando incluso su elección de vestimenta. Aunque alguien se vista de manera piadosa, si su alma está contaminada, esto puede generar desconfianza sobre su carácter. Dios nos invita a centrarnos en la belleza interna y eterna de un alma pura, recordándonos que las cosas materiales y externas son pasajeras, mientras que la vestimenta espiritual tiene un valor duradero.

La misión de Dios y la apariencia personal

Muchas mujeres que no han superado problemas de infancia pueden manifestar emociones insanas como vergüenza, dudas e inferioridad, lo que a menudo se traduce en una búsqueda de atención a través de una vestimenta provocativa. Desde una edad temprana, la falta de conexión emocional con el padre puede llevar a la búsqueda de validación en relaciones con hombres. Esto se agrava cuando la educación sexual es deficiente, llevando a algunas a intercambiar su cuerpo por afecto. El enemigo sabe que el pecado contamina el cuerpo, alejando así la presencia del Espíritu Santo, quien habita en un templo limpio (1 Corintios 6:19-20). La humanidad sanada por la Palabra debe mostrar una sexualidad pura y un comportamiento amable, rechazando la vanidad y el orgullo (1 Pedro 3:3-4). Nuestro testimonio debe reflejar a Cristo ante el incrédulo, recordando que ante Dios todos somos iguales (Gálatas 3:28). La búsqueda de aceptación puede llevar a muchos a vivir de apariencias, olvidando que lo verdaderamente valioso es embellecer el alma, ya que cuando esta es hermosa, todo lo demás resplandece (1 Juan 2:15-17).

Evitará vestir ropa de hombre

El tema de la vestimenta en la Biblia a menudo se convierte en un debate, pero es importante profundizar en su significado. Cuando se menciona en Deuteronomio 22:5 que "no vestirá ropa de hombre", no se refiere específicamente al pantalón, ya que en esa época no existían. En lugar de eso, tanto hombres como mujeres usaban prendas largas, como batas y mantos. Si siguiéramos la instrucción de manera literal, todos tendríamos que vestir como en tiempos bíblicos, lo que sería impráctico hoy en día.

La clave está en comprender que este versículo se refiere a la diferencia en la vestimenta como símbolo de identidad. En un contexto donde las prendas eran similares, la distinción era crucial para evitar confusiones de género, como se ilustra en la historia de Judá y Tamar (Génesis 38). Esto nos lleva a entender que la enseñanza sobre la vestimenta es más espiritual que literal.

La verdadera esencia de la vestimenta implica las enseñanzas y doctrinas que hemos recibido. Somos el reflejo de lo que aprendemos y nuestras creencias afectan nuestras emociones y, en última instancia, nuestra conducta (Romanos 12:2). Por lo tanto, al abordar el tema de la vestimenta, debemos buscar su significado espiritual y cómo este se traduce en nuestra identidad y comportamiento como creyentes.

El hombre no vista ropa de mujer

En la Biblia, cuando se menciona que "el hombre no vista ropa de mujer", se refiere a la importancia de mantener la distinción entre lo espiritual y lo terrenal. El hombre simboliza la parte espiritual de la humanidad y la autoridad espiritual que Dios ha otorgado a la iglesia. Cuando un creyente descuida esta sabiduría espiritual, se expone a confusiones mentales, permitiendo que el enemigo lo aleje de la verdad. Esta instrucción no solo se refiere a la vestimenta física, sino a la necesidad de que la iglesia mantenga la cobertura de la doctrina divina, rechazando las enseñanzas mundanas. Al igual que las mujeres de la antigüedad, que se vistieron con un buen testimonio de fe, hoy debemos reflejar esa misma dedicación en nuestras vidas. Cuando el hombre (la parte espiritual) se descuida, la mujer (la naturaleza humana) comienza a manifestar obras de carne.

Satanás quiere contaminar tu vestimenta

Satanás, al tentar a Eva, la vistió de corrupción; por ello, es esencial que la mujer se mantenga en la doctrina que honra a Dios. La instrucción de no vestir "ropa de hombre" enfatiza el testimonio de la iglesia de Cristo, que debe reflejar la verdad de la Palabra de Dios. Al vestirnos con nuestra propia vestimenta, mantenemos nuestra identidad y misión en la tierra como portadora de la semilla y procreadora del reino.

La vestimenta de la mujer es un adorno interno

La mujer de Dios, al estar cubierta con Su Palabra, actúa con amor, piedad y compasión, impactando a las generaciones. 1 Pedro 3 nos recuerda que la conducta de la iglesia debe ser un reflejo de ese amor divino. Al igual que en el Antiguo Testamento, donde se instruyó a los sacerdotes sobre cómo vestir para servir en el templo, los ministros de Dios deben someterse a la Palabra para ser ejemplos del amor de Dios, guiando a otros hacia la salvación a través de su testimonio. La iglesia es, por lo tanto, un modelo de poder y transformación.

Vestir Sin Vanidad

La forma en que nos vestimos refleja lo que llevamos en nuestro interior, ya que la ropa es una extensión de nuestras creencias y la imagen que proyectamos (1 Pedro 3:3-4). Si nuestra alma está cubierta con la Palabra de Dios, esa luz se manifestará en nuestra apariencia; sin embargo, si está impregnada de vanidad y maldad, eso también será evidente (Gálatas 5:22-23). La vestimenta puede mostrar si somos libres o esclavos, revelando nuestro estado emocional y la filosofía que seguimos (Romanos 12:2). Una persona que lucha con sentimientos de culpa o inferioridad puede optar por vestirse con altivez, buscando opacar a otros. Así, la ropa se convierte en un distintivo que habla antes que nuestras palabras (Mateo 6:21). Cuando el alma está vestida con el uniforme del soldado de Cristo, irradia valentía, justicia y autoridad para enfrentar el mal (2 Timoteo 3:16), haciendo de nuestra elección de vestimenta no solo una decisión estética, sino una poderosa declaración espiritual de nuestra identidad en Cristo.

Para usar el nuevo atuendo de la fe en Cristo:

- ***Debemos despojarnos de la vestimenta vieja:*** *Que llevamos desde la niñez, aquella que refleja una vida vana y alejada de la eternidad (Efesios 4:22). Como iglesia de Cristo, nuestra misión es enseñar al mundo sobre la vida eterna, lo que implica examinar la intención de nuestro corazón en cada acción (Salmo 139:23-24).*

- ***La manera en que nos vestimos:*** *Puede revelar lo que realmente llevamos dentro; por eso, es fundamental elegir con cuidado nuestras prendas. La inferioridad puede llevar al orgullo y la vanidad, haciendo que algunos busquen lucir mejor que otros como una forma de sentirse* *superiores. Este tipo de altivez actúa como un obstáculo que impide el acercamiento a Dios (Proverbios 16:5).*

- ***La vestimenta de la iglesia debe ser blanca:*** *Esto es en sentido espiritual, ya que el blanco refleja la pureza y la limpieza del alma. El blanco nos hace resplandeciente ante un mundo de oscuridad, alejando del pecado (Apocalipsis 19:7-8). No debemos permitir que las modas del mundo influyan en nuestro testimonio ni usar el nombre de Dios en vano. Tampoco debemos intentar ocupar el lugar del Espíritu Santo en la vida de los demás; en lugar de juzgar, debemos reflejar la luz de Cristo en nuestras vidas (Mateo 7:1-5).*

La interpretación espiritual de *Efesios 5:24 y 1 Pedro 3:3-6*

Nos invita a reflexionar sobre la vestimenta interna de la iglesia, que trasciende la mera apariencia externa. En 1 Pedro 3:4 se menciona que el "atornillo interno del corazón" es lo que verdaderamente importa, evidenciando que nuestra conducta debe reflejar la pureza del alma y la renovación en la Palabra de Dios. Al igual que las santas mujeres que obedecían a sus maridos, la iglesia está llamada a someterse a Cristo, lo que nos prepara para el evento glorioso de la boda del Cordero (Apocalipsis 19:7). En un mundo que prioriza la apariencia (1 Juan 2:16), Dios anhela que nos enfoquemos en lo real y eterno, cultivando un corazón amable y sincero (Romanos 12:9). Al someternos a Su voluntad, seremos transformados y liberados del pecado, manifestando así el verdadero testimonio de nuestra fe ante el mundo (Mateo 5:16).

Reflexión para la Mujer Única

La mujer ha sido históricamente mal enseñada, haciéndole creer que su valor se mide por su apariencia exterior. Sin embargo, una mujer virtuosa es aquella que se somete a la Palabra de Dios, liberándose de ataduras de pretensión y falsa apariencia. Su verdadera belleza radica en su identidad en Cristo, quien la valora por su corazón y su carácter, no por su vestimenta o su maquillaje. Muchas mujeres sienten que necesitan vestirse de manera provocativa o maquillarse intensamente para ser aceptadas, pero esta creencia es un reflejo de un espíritu de error que distorsiona su verdadera imagen. Para encontrar libertad, es fundamental reprogramar la mente, enfocándose en la belleza interna que Dios ha depositado en cada una. Al reconocer su valía y vivir desde esa verdad, la mujer única puede brillar auténticamente, mostrando al mundo que su verdadero poder radicar en su ser interior, en su fe y en su capacidad de amar.

El Cabello Largo de la Mujer

El cabello largo es el adorno principal de la mujer, embelleciendo su rostro y simbolizando sus pensamientos y sentimientos formados por patrones de ideas desde la niñez. En 1 Timoteo 2:9, se nos instruye sobre cómo una mujer debe lucir: "sin peinados ostentosos". Esto no se refiere solo a la apariencia, sino a las creencias que afectan el carácter y la personalidad. El cabello también simboliza la autoridad que Dios ha otorgado a la iglesia, que debe diferenciarse en su conducta (1 Corintios 11:6). Una mujer que teme a Dios actúa con humildad y sin pretensiones, manteniendo su mente libre de falsas creencias que pueden alejarla de la unción divina (1 Juan 2:15).

Significado del Cabello Espiritualmente

El cabello, en un contexto espiritual, simboliza nuestros pensamientos y la forma en que estos gobiernan nuestras vidas. Como mujeres de fe, nuestro testimonio debe reflejar una vida de piedad y buenas obras, similar a las santas mujeres de la antigüedad que se cubrían para no llamar la atención. Esto nos recuerda que somos lo que pensamos; nuestros pensamientos se traducen en sentimientos, y estos, a su vez, determinan nuestras acciones.

Hay una misión como iglesia

Nuestra misión es mostrar al mundo el poder transformador del evangelio, que cubre todo pecado y manifiesta la gloria de Dios. Al mantener nuestros pensamientos y emociones alineados con la Palabra, podemos brillar en medio de las tinieblas. La verdadera belleza proviene de un corazón dedicado a Dios, y si nuestros pensamientos son puros, nuestros sentimientos y conductas también lo serán. Así, el cabello se convierte en un símbolo de la pureza interior que buscamos, reflejando la luz de Cristo en nuestra vida diaria.

La Mujer de Forma Individual

La mujer es la obra maestra de Dios, hermosa y codiciable, pero a menudo el enemigo intenta hacerle creer que no tiene valor y que no merece amor. El rechazo y la humillación son armas que utiliza para que se sienta inferior. La mujer, sin embargo, posee una virtud poderosa: la capacidad de concebir y cuidar la vida. Espiritualmente, el enemigo busca desvalorizar a la mujer, haciéndole creer que debe cumplir con ciertas expectativas para ser aceptada. Esto puede llevarla a presentar un carácter mediocre y a ignorar su verdadera identidad como reina del reino celestial. Así como Sansón tenía su cabello como símbolo de unción, la mujer debe reflejar la unción de Cristo, mostrando su valor y dignidad.

Las Escrituras tienen el poder de sanar las heridas emocionales de la mujer, liberándola de la culpa y la inferioridad. Muchas mujeres buscan llenar su vacío interno a través de la apariencia externa, incluso arriesgando su salud. Dios desea sanarlas de estas inseguridades y liberarlas de la dependencia emocional. Jesús nos invita a aprender de su humildad para encontrar descanso y paz interna.

Cuando la mujer conoce las artimañas del enemigo y se valida a sí misma, puede evitar caer en la trampa de la inseguridad. La manipulación emocional de Satanás busca destruir su conexión con Dios, su pareja y su familia. En lugar de convertirse en un ser amargado, la mujer debe reclamar su lugar como reina y sacerdotisa, cumpliendo con dignidad su rol en la vida.

La Santidad en la Mujer

Cuando una mujer está llena del Espíritu de Dios, deja atrás las pretensiones de la apariencia externa y manifiesta pureza, virtud y verdadera belleza interior. Esto no implica descuidar su apariencia; al contrario, debe cuidar su cuerpo de manera adecuada, pero sin caer en la obsesión ni en la atadura mental. Así, puede reflejar la gracia de Dios que la llena de amor y aceptación. Dios no desea una iglesia vana ni afanada por las cosas del mundo, ya que la comunión íntima con Él requiere fe y confianza. La paz se encuentra al creer en Dios en todo momento: "Por nada estéis afanosos" (Filipenses 4:6-7). Al liberarse de preocupaciones, la mujer puede mostrar al mundo la verdadera libertad que proviene de una vida en Cristo.

El Plan de Dios para las Solteras

La mujer soltera enfrenta tentaciones y desafíos, pero su misión es mantenerse firme hasta que llegue su compañero. En Génesis 38, vemos a Tamar, quien, aunque sometida a la ley, decide actuar por su cuenta. A menudo, nuestras creencias y patrones culturales pueden esclavizarnos emocionalmente. Sin embargo, si desarrollamos una comunión íntima con el Espíritu Santo, seremos guiadas hacia la verdad. Si sientes que no puedes esperar por un compañero, busca la dirección de Dios; es mejor estar sola que mal acompañada. Si ya has tomado una decisión, continúa buscando la intimidad con Dios para que cualquier mal se transforme en bienestar (Romanos 8:28; Juan 14:15; 1 Pedro 5:7; Salmo 118:6; Filipenses 4:13).

"Mujer de Dios, eres bella, ¡firma aquí porque en tu mente está tu verdad!"

Capítulo X
LA MUJER Y SU FUNCIÓN

Desde la antigüedad, la mujer ha demostrado su capacidad para responder al llamado glorioso de ser parte de la iglesia de Cristo en la tierra. A pesar de que muchos han negado su función, malinterpretando las Escrituras para ocultar actitudes de machismo y racismo, Dios siempre ha valorado a la mujer. Desde Génesis 3:15, el enemigo ha buscado silenciar su voz, pero la mujer es fundamental en la enseñanza y la transmisión de vida, como se menciona en 1 Timoteo 2:11-15 y 1 Corintios 14:34-35. Cristo vino a devolverle su valor, declarando su misión en la tierra como procreadora y maestra del bien, destacando su rol como representante del reino, la novia del Cordero y la madre de todos los hijos de Dios, aquellos nacidos del agua y del Espíritu Santo, restaurados por el poder de su sangre.

El ministerio de Jesús honra a las mujeres

Al compararlas con su iglesia, mostrando la alta estima que tiene por la humanidad. A las mujeres se les encomienda la tarea de transmitir la Palabra de vida y practicar la sana doctrina, que transforma y libera de la oscuridad e ignorancia. Jesús revela el corazón de Dios a través de su iglesia, buscando una unión espiritual similar a la conexión entre madre e hijo. Así como una madre está unida a su hijo por el cordón umbilical, Dios desea relacionarse íntimamente con la humanidad, expresando su amor, como se menciona en el Cantar de los Cantares. El amor que un esposo debe tener por su esposa debe reflejar el amor de

Cristo por su iglesia; cualquier maltrato hacia una mujer es un alejamiento del amor divino.

Jesús vino a señalar la función de la mujer (iglesia)
- **Promoviendo la igualdad de sexos:** y sanando el corazón herido de aquellas que habían sido marginadas. En su ministerio, la mujer desempeñó un papel crucial, participando activamente en su obra redentora (Marcos 10:11-12). Un ejemplo significativo es su encuentro con la samaritana, que representa a la iglesia gentil. A pesar de los prejuicios raciales y de género, Jesús rompió barreras al acercarse a ella, ofreciendo el agua de vida que saciar la sed eternamente. Su conversación íntima en un lugar público demuestra su deseo de conectar con todos, independientemente de su pasado.
- **Sanar el corazón herido y vacío de la mujer:** Jesús vino a sanar el corazón herido y vacío de la mujer samaritana, quien buscaba llenar su vida a través de relaciones con hombres, sin darse cuenta de que la verdadera satisfacción no estaba afuera. Al encontrarse con Jesús, descubrió que solo en Él podía encontrar el gozo de la vida eterna. Este encuentro ilustra su misión de sanar a una humanidad llena de prejuicios, que intenta llenar su vacío emocional con cosas externas que nunca satisfacen. Jesús revela el verdadero propósito de amar y perdonar, invitándonos a llenar nuestro interior para, a su vez, poder compartir esa plenitud con los demás.

Las mujeres desempeñan un papel crucial en la iglesia

Como se evidencia en el ministerio de Pablo. A pesar de sus declaraciones sobre el silencio de la mujer, él reconoció la importancia del ministerio femenino, como lo muestran las cuatro hijas de Felipe, que eran profetizas (Hechos 21:9). Dios busca corazones dispuestos, sin importar el sexo, la edad o la raza. En Cristo, se ha abolido el machismo y cualquier discriminación; todos tienen el derecho de responder al llamado divino. El nuevo mandato, fundamentado en el amor, trae igualdad entre todos, manteniendo un orden y respeto por las funciones de cada uno. En el Señor, hombres y mujeres son uno, cada uno con su papel, como el cuerpo, el alma y el espíritu.

La igualdad entre el hombre y la mujer

1 Corintios 11:11-12 resalta la interdependencia entre hombres y mujeres en el contexto del cuerpo de Cristo. El apóstol Pablo enfatiza que, aunque la mujer fue creada del hombre, el hombre también nace de la mujer, subrayando la igualdad y la unidad en el Señor. Este pasaje nos recuerda que todos procedemos de Dios, quien establece la dignidad y el valor de cada persona, independientemente de su género. La enseñanza de Pablo desafía cualquier noción de superioridad y nos invita a reconocer que tanto hombres como mujeres tienen un papel esencial en el plan divino. La interconexión de ambos géneros refleja la complejidad y la belleza de la creación divina, donde todos somos igualmente valiosos ante los ojos de Dios.

Funciones Principales de la Mujer (Iglesia)

Estas funciones no solo reflejan el diseño original de Dios, sino que también subrayan la importancia del papel de la mujer en la familia y en la iglesia. Desde el principio, se definieron algunas funciones clave para la mujer junto al hombre:

- *Ser ayuda idónea*
- *Someterse a su marido*
- *Parir con dolor*
- *No estar desocupada*

Ser Ayuda Idónea

La mujer es un apoyo vital, complementando al hombre en su propósito y misión. Dios creó a la mujer como una ayuda idónea, reconociendo que, aunque físicamente más delicada, posee habilidades únicas que complementan al hombre. Su capacidad para procesar información de manera más rápida y realizar múltiples tareas a la vez le otorga ventajas que son esenciales en la colaboración. Desde el inicio, la mujer desempeña un rol crucial en la procreación, simbolizando la vida y la multiplicación. Aunque el hombre fue creado primero, es la mujer quien, al parir y apoyar, revela el milagro de la vida. La unión entre ambos no solo permite manifestar la voluntad de Dios en la tierra, sino que también establece un equilibrio en el cual el alma y el Espíritu pueden habitar en armonía. Sin la contribución de la mujer, la humanidad no podría experimentar su completa expresión en el mundo.

"Y dijo Jehová Dios: No es bueno que el hombre esté solo; le haré ayuda idónea para él". Génesis 2:18.

Someterse a su Marido

La sumisión de la mujer a su marido no implica inferioridad, sino una disposición a colaborar y apoyarse mutuamente en la relación. Este principio se fundamenta en la idea de orden divino, donde cada uno tiene un papel que desempeñar para el bienestar del hogar. La sumisión es un acto de amor y respeto, reflejando la relación entre Cristo y la iglesia. Cuando ambos se comprometen a vivir en armonía y respeto, se crea un ambiente propicio para el crecimiento y la estabilidad familiar. Así, la mujer, al someterse, no pierde su valor, sino que contribuye al fortalecimiento de la unión marital, promoviendo una relación de amor y apoyo mutuo.

El sometimiento del que habla 1 Pedro 3:1

Esta declaración no se refiere a una sumisión física, sino a una humildad que reconoce que, sin Dios, no podemos hacer nada. La mujer, como símbolo de la humanidad, debe someterse al Espíritu Santo para que Dios cumpla Su voluntad y extienda Su reino en la tierra. Al reconocer la fortaleza del hombre como protector, la mujer mejora la dinámica familiar, desempeñando múltiples roles como madre, trabajadora y consejera. Aunque hoy muchas deben trabajar fuera del hogar, su capacidad para adaptarse y realizar diversas tareas es un testimonio poderoso de su fortaleza. Al vivir con fe y humildad, la mujer influye en su familia y sociedad, reflejando el amor y la gracia de Dios.

Parir con dolor:

Este sometimiento se entiende como un respeto mutuo y una disposición para colaborar en el hogar y en la comunidad. Parir con dolor quiere decir que Dios te dio la autoridad sobre tu cuerpo y que puedes decir el precio que tiene tu interior. Cuando algo nos cuesta sacrificio, le damos la importancia y con valentía lo cuidarlo, pero cuando algo ni nos cuesta, lo descuidamos. El precio de traer un hijo al mundo no tiene comparación, por eso como mujer, te convierte en una heroína cada vez que pares un hijo. Ese dolor representa los padecimientos de Cristo en la cruz; parió con dolor a esta humanidad que le costó un terrible sufrir. El momento de parir, es como enfrentarse a la misma muerte y volver a renacer. Cada vez que una mujer trae una vida al mundo, está salvando a esta humanidad, porque detrás de cada vida, se enciende una luz que viene alumbrar la tierra con su sabiduría y a traer una aportación de bienestar para todos. Cuando una mujer le presta su vientre a Dios para traer a un ser humano al mundo, en esos momentos ella está sometida a la voluntad de Dios. El dolor del parto, acerca a la mujer a la muerte y al parecer, ella podría tener en esos momentos una oportunidad de salvación, si falleciese, por ser un acto de entregar su vida por otro.

Te salvara pariendo hijos (1 Timoteo 2:15).

El acto de dar a luz simboliza el sacrificio y compromiso de la maternidad, así como el papel vital de la mujer en la continuidad de la vida. Este proceso va más allá del simple hecho físico de parir; tiene dimensiones tanto humanas como espirituales.

- **Interpretación Humana:** Cada vez que una mujer trae un hijo al mundo, introduce una nueva luz que puede ofrecer soluciones a los conflictos de la humanidad. La llegada de un médico, un científico o un líder representa la aparición de agentes de cambio capaces de iluminar y sanar el mundo. La historia está repleta de individuos destinados a marcar una diferencia significativa desde su nacimiento. Sin la influencia de tantos ilustres, este mundo podría haber sucumbido ante el mal. Por eso, cada vez que nace un hombre o una mujer de buena voluntad, se renueva la esperanza y se preserva la luz en esta tierra.
- **Interpretación Espiritual:** "Te salvará pariendo hijos" refleja cómo la iglesia, al recibir a Cristo en su corazón, da a luz una nueva vida espiritual. Cada alma que nace de nuevo es un triunfo para la familia de Dios, trayendo luz y verdad a un mundo sumido en la oscuridad. Al ganar un nuevo creyente, la iglesia contribuye a la disolución de la ignorancia y promueve el bien, creando un impacto positivo en la humanidad. Así, el papel de la mujer, tanto en lo físico como en lo espiritual, es esencial para la transformación y redención del mundo.

Una iglesia que pare con dolor

El nuevo nacimiento produce dolor porque hay que renunciar a todo apego de la carne y de la vana manera de vivir.

En otras palabras, la salvación cuesta un gran precio, el de la Cruz (Génesis 3:16).

Dos males que afectan la familia

La falta de conocimiento y de madurez en los padres es un mal que afecta gravemente la dinámica familiar. Esta carencia, sumada a la mala interpretación de las Escrituras y a un sometimiento mal entendido, obstaculiza la interacción y el crecimiento dentro del hogar. Es esencial que la mujer se involucre activamente en las responsabilidades familiares y comunitarias, ya que su participación es clave para el bienestar general y el fortalecimiento de la familia. Al asumir un papel activo y colaborativo, se fomenta un ambiente de apoyo y amor que beneficia a todos los miembros del hogar.

El machismo

El machismo se presenta como un enemigo disfrazado de autoridad, prometiendo seguridad y protección a la familia, pero en realidad perpetúa ideas erróneas sobre la superioridad masculina. Desde la niñez, los varones son socializados a creer que deben dominar a las mujeres, creando un entorno de control, manipulación y abuso. Este comportamiento, respaldado por interpretaciones distorsionadas de las Escrituras, alimenta la discriminación y el menosprecio hacia la mujer. Sin embargo, ante Dios, no hay distinción de sexo ni género; todos somos iguales y compartimos las mismas necesidades de amor, respeto y cuidado. La verdadera misión del hogar es ser un refugio seguro y satisfactorio, libre de terror y dictadura. A pesar de los avances en la igualdad de género, el machismo sigue manifestándose en diversos ámbitos, incluyendo el legislativo y religioso, lo que subraya la importancia de seguir luchando por un trato equitativo y justo para todos.

El egoísmo

El egoísmo socava las relaciones, transformando a las personas en seres manipuladores y controladores. Esta actitud refleja una profunda inseguridad personal, ya que quienes son egoístas buscan aferrarse a lo seguro, evitando enfrentar sus propios miedos. A menudo, el egoísta anhela una pareja sumisa que le permita ejercer control, distorsionando así la dinámica de la relación y privándola de autenticidad y respeto mutuo. Esta mentalidad no solo afecta a quienes rodean al egoísta, sino que también lo aísla, perpetuando un ciclo de insatisfacción y soledad.

Capítulo XI

LA MUJER COMO PROFETISA

Pablo indica que, si una mujer profetiza o habla la Palabra de Dios, debe cubrirse la cabeza, pero esto no se refiere a un manto físico, sino a la iglesia de Cristo como su novia. En este contexto, el cabello simboliza nuestros pensamientos y creencias, y es fundamental que, al ministrar, lo hagamos bajo la dirección del Espíritu Santo. Hablar en nombre de Dios requiere someter nuestro entendimiento a Su Palabra y estar cubiertos por el poder del Espíritu. Sin esta cobertura, la humanidad corre el riesgo de seguir enseñanzas erróneas que la alejan del verdadero camino de salvación.

Señales de la cobertura del manto sagrado

Una doctrina o religión bien fundamentada debe manifestar tres aspectos clave:

- **Buena voluntad (Filipenses 1:15):** Iluminación de la mente con la verdad que libera (Juan 8:31) y **transformación del comportamiento humano** (2 Corintios 5:17). Si una enseñanza genera confusión, juicio, vanidad o desamor, carece de la cobertura del Espíritu Santo. Cuando utilizamos las Escrituras para dividir o juzgar, evidenciamos que hablamos sin esta cobertura.

- **Todos estamos unidos como una familia:** Es importante reconocer que la Biblia utiliza un lenguaje simbólico y metafórico, influido por la diversidad cultural tras la rebelión de Babel. En su tiempo, había limitaciones científicas, lo que llevó a malinterpretaciones de ciertos términos. Jesús usaba parábolas para conectar con diversas culturas, usando metáforas como la cosecha para referirse a almas, o la viña para simbolizar la iglesia. Estas imágenes ayudan a entender mejor el significado espiritual. Sin la cobertura del Espíritu Santo, es imposible ministrar correctamente las Escrituras, que son espirituales y solo pueden interpretarse en el espíritu.

- **Las Escrituras unen, no dividen:** Reflexión sobre 2 Juan 10-11. La advertencia de 2 Juan 10-11 sobre no recibir a quienes traen doctrinas diferentes no se refiere a alejarse de quienes creen distinto, sino a reconocer la importancia del amor en la fe. Este pasaje enfatiza que aquellos que afirman ser creyentes, pero niegan el amor son falsos. El verdadero evangelio se manifiesta a través del amor, que incluye compasión, empatía y bondad. Si alguien habla en nombre de Dios, pero no refleja estos atributos, no debemos permitir que su conducta influya en nosotros. En otras palabras, no debemos adoptar su actitud ni comportarnos como ellos, manteniendo siempre el mandamiento del amor como guía en nuestras interacciones (1 Juan 4:20-21).

Solo hay que obedecer los tres mandatos

Mi testimonio del manto sagrado del Espíritu Santo se evidencia en los frutos descritos en Gálatas 5:22. La misión de cambiar, redargüir y restaurar recae en la Palabra de Dios, y debemos enfocarnos en tres aspectos clave:

1. **Tener la cobertura:** Predicar las Escrituras bajo la dirección del Espíritu Santo, permitiendo que haga su obra según la capacidad y formación de cada individuo.
2. **Dar testimonio de esta cobertura:** Es más efectivo mostrar el cambio que ha hecho la Palabra en nosotros que simplemente hablar de ello. La gente nota en nosotros el cambio, por los frutos, nos conocen.
3. **Enfocarse en el propósito de esta cobertura:** Demostrar amor sin hacer acepción de personas, que es la mayor manifestación de las Escrituras.

El manto o el velo

Cuando el apóstol Pablo instruye a las mujeres a usar un manto, podemos interpretarlo de manera metafórica: está llamando a la iglesia de Cristo a predicar bajo la unción del Espíritu Santo, para que quienes escuchen sean transformados por la Palabra de verdad. La humanidad, representada aquí por la mujer, a menudo ha recibido enseñanzas erróneas que, en lugar de acercar a las personas a Dios, las alejan del camino correcto. La belleza de la mujer, simbolizada por su cabellera, puede ocultar vanidad y pretensión, al igual que muchas religiones en el mundo. Dos fuerzas predominan en la sociedad: la religión y el gobierno. Desde los tiempos de Adán y Eva, la religión ha sido utilizada por el enemigo para desviar al ser humano del verdadero camino, y lo mismo ocurre con el gobierno. Al final de los tiempos, tanto el falso profeta (la religión) como la bestia (el gobierno) enfrentarán su juicio por pervertir al mundo y alejarlo de Dios (Apocalipsis 19:19-21).

Los tres tipos de mantos

El apóstol Pablo instruye a la mujer (la iglesia) a cubrirse al ministrar la Palabra de Dios, lo que implica que debemos llenarnos de Su conocimiento y de la presencia del Espíritu Santo. Nuestra humanidad debe estar cubierta con el manto de la justicia y el amor para transmitir estos valores al mundo. Es fácil desviarse hacia la vanidad y el beneficio personal, por lo que es esencial someter nuestra naturaleza bajo la Palabra y revestirnos con la unción divina que revela la vida eterna. Históricamente, el manto era un símbolo de autoridad y compromiso en la fe. Espiritualmente, representa el poder de la Palabra de Dios y la cobertura del Espíritu Santo sobre la mente de aquellos que han decidido vivir para Él. Así, el manto indica la posesión y el vínculo que Dios establece con Su pueblo. En este sentido, podemos identificar tres tipos de mantos, o enseñanzas: *"Algunos, a la verdad, predican a Cristo por*

envidia y contienda; pero otros de buena voluntad" (Filipenses 1:15-RVR1960).
1. *El manto de la contienda.*
2. *De la vanagloria, el orgullo y la envidia.*
3. *El manto de buena voluntad, divino y sagrado.*

El manto de la contienda

Es típico de quienes provienen de hogares disfuncionales, donde la crítica y el abuso han dejado huellas profundas. Esta resistencia mental puede impedir que la Palabra de Dios transforme sus corazones, llevándolos a utilizar el evangelio como una máscara para ocultar sus verdaderas intenciones (1 Juan 4:20-21). En lugar de manifestar amor, suelen criticar y menospreciar a quienes consideran diferentes, creando divisiones y juzgando a sus hermanos (Mateo 23:5). Estos individuos, que a menudo se aferran a nombres de líderes o denominaciones, olvidan que todos somos seres vulnerables que necesitamos la cobertura divina para sanar y aclarar nuestras mentes (Romanos 14:3). La verdadera doctrina de Cristo nos llama a la unidad en el amor, no a la contienda y el juicio, reflejando así su verdadero propósito de reconciliación y compasión.

El manto de la vanagloria o la envidia

Este fenómeno se manifiesta en aquellos que, tras iniciar bien su camino en el evangelio, se desvían al buscar intereses personales en lugar de la gloria de Dios. Aunque comenzaron bajo el manto sagrado, se dejan seducir por lo material y la fama, abandonando lo sagrado por la impiedad (1 Juan 2:18). Usan el nombre de Dios en vano, manipulando a quienes buscan la verdad espiritual para su propio beneficio, y enfrentarán la advertencia: "Apartaos de mí, hacedores de maldad" (Mateo 7:22-23). Este comportamiento puede llevar a la blasfemia contra el Espíritu Santo, un pecado que no será perdonado

(Mateo 12:31). En lugar de guiar a otros hacia la verdad, estos falsos profetas provocan idolatría y vanagloria, fomentando envidia y orgullo entre quienes anhelan reconocimiento (Mateo 24:5; 2 Timoteo 3:1-7). La verdadera labor del creyente debe presentarse con humildad, sin apego a las cosas humanas, reflejando el amor genuino de Cristo. En el mundo actual, muchos buscan aprovecharse del evangelio, predicando por vanidad y orgullo, y entre ellos se encuentran falsos profetas que utilizan lo sagrado para su beneficio personal.

El manto divino o sagrado

Este es esencial para la iglesia de Cristo, que debe ser portadora del mensaje del reino celestial en la tierra. Este se predica de buena voluntad. Al igual que Eliseo, quien esperó con fe la doble porción del poder de Elías, la iglesia debe anhelar la unción del Espíritu Santo para cumplir su misión de salvación (2 Reyes 2:9-10). Este manto no debe usarse para promover divisiones ni peleas entre creyentes; en cambio, debe reflejar un evangelio de paz y fe que acerque a la humanidad a Dios. Como cuerpo de Cristo, la iglesia está llamada a manifestarse en el mundo, y el apóstol Pablo nos recuerda que este llamado conlleva sacrificio y dolor, similar a los "dolores de parto" (Gálatas 4:19). Así, al cubrirnos con el manto de la justicia divina, revelamos el fruto del Espíritu (Gálatas 5:22-23) y proclamamos la verdad, aunque esto pueda generar rechazo. Al ser la ayuda idónea, la iglesia tiene la responsabilidad de dar a luz al Mesías en su naturaleza, permitiendo que la luz de Cristo brille a través de ella (Hechos 10:36).

La misión de la iglesia

La misión de la iglesia es profetizar la verdad sobre la nueva vida eterna y la unción del poder de Dios, declarando lo que ha de ocurrir en el mundo y advirtiendo sobre los juicios venideros, incluso cuando este mensaje cause dolor y algunos intenten silenciarlo. Al ser concebidos por la obra del Espíritu Santo, se rompe la fuente de nuestro ser, dando paso al nacimiento del amor, la paz, la fe, la justicia y la verdad en nosotros. Este llamado nos impulsa a ser heraldos de esperanza, transformando la realidad a nuestro alrededor y llevando el mensaje de salvación a un mundo que necesita urgentemente escuchar.

Mejor rápate la cabeza por completo
Mejor rápate la cabeza por completo; es preferible callar que hablar sin el manto sagrado, para que ninguna idea personal influya y te lleve al fracaso. Cualquier doctrina que profesa a Dios, pero lo niega con sus actos es doctrina de demonios que debe ser silenciada. Es esencial cubrirse con el manto de justicia para discernir correctamente entre el bien y el mal. Te darás cuenta de que estás sin el manto divino cuando aceptas el engaño y la hipocresía, negando con tus acciones la fe en Cristo. Tus sentimientos son un indicador: si aún sientes rencor y odio, y eres incapaz de perdonar, estás lejos de la cobertura de la justicia divina. No se puede amar a Dios, a quien no vemos, mientras se odia al prójimo, quien siente y padece igual que tú.

Tu manto debe mostrar los colores sagrados
Tu manto debe mostrar los colores sagrados que reflejan la gloria de Dios. El púrpura simboliza la promoción del reino de Dios en la tierra, un recordatorio de nuestra misión. El rojo carmesí representa la sangre derramada de Jesús en la cruz, que sana y purifica nuestra alma; así como el colorante extraído del gusano carmesí, la sangre de Cristo debe fluir en nuestro interior (Isaías 1:18). El blanco revela la pureza del corazón, esencial para ejercer nuestra autoridad como ministros; los demonios temen a un alma limpia, pues ello define nuestro manto de realeza y sacerdocio. Estos colores, que adornaban las cortinas del tabernáculo y la vestimenta sacerdotal, deben

reflejarse en nuestro manto sagrado, cubriendo nuestro cuerpo (templo) para promover el reino de Dios en la tierra y su triunfo (Éxodo 26:1, 36; 28:5, 33). Que este manto nos cubra por completo, desde la cabeza hasta los pies, como se menciona en Salmos 24.

Nuestro manto de colores

Nuestro manto de colores ha sido diseñado con los matices específicos del fruto del Espíritu, que incluyen el amor, la fe, la paciencia, la templanza y la bondad (Gálatas 4:12; 5:20-22). Así como un jardín florece con diversos frutos, cada uno con su propio color, los frutos del Espíritu dan testimonio de nuestra conducta a quienes nos observan. El apóstol Pablo nos enseñó a reconocer el verdadero manto que cubre nuestra mente, transformada por el pecado. Cuando sometemos nuestro entendimiento a la Palabra y nos cubrimos bajo la unción de Cristo, el enemigo no puede encontrarnos. Este manto no solo ofrece cobertura externa, sino que también abraza nuestras emociones, brindando reposo y estabilidad al alma.

El manto sagrado que Dios te otorga al nacer de nuevo

Es un símbolo de transformación y renovación. Este manto no solo representa la nueva identidad en Cristo, sino también la protección, la gracia y el propósito divino que se activa en tu vida. Al aceptar este regalo, te vistes de poder y autoridad para enfrentar las adversidades, vivir con fe y ser un faro de esperanza para los demás. Este manto te invita a abrazar tu verdadero ser, a dejar atrás el pasado y a caminar en la luz del amor y la verdad. Te recuerda que cada día es una oportunidad para reflejar el carácter de Dios en tu vida, impactando a quienes te rodean con tu testimonio y acción. Al vivir en esta nueva realidad, te conviertes en un instrumento de su paz y un canal de su amor, llevando la luz del Evangelio a un mundo que tanto la necesita.

En síntesis:

El que lleva el manto divino se humilla al reconocer sus faltas, oculta su apariencia y se somete a Dios. Este manto proporciona seguridad mental, transformando nuestra forma de pensar y sentir. Por ello, como iglesia, debemos orar y profetizar con la cabeza (el entendimiento) cubierta por la Palabra de verdad. Un mensaje revestido de esta unción revela a Dios como dueño y señor de todo lo creado. Al igual que Elíseo, nos cubrimos con la unción de la nueva vida que Jesús ofrece. Sin esta cobertura, es preferible quedarnos en silencio para no caer en la blasfemia. El manto no solo protege al que lo porta, sino que también testifica ante quienes lo observan (1 Corintios 11:3-9).

Capítulo XII

LA MUJER COMO REINA Y SACERDOTISA

La mujer, como representante de la iglesia, posee un inmenso valor ante Dios, ya que fue comprada con sangre y tiene la responsabilidad de liderar y promover los asuntos del reino de Dios en la tierra. Cada uno de nosotros, al ser dotado de un liderazgo innato, debe ejercer su rol comenzando en el hogar, enseñando a nuestras familias a ser ejemplos de bien. La iglesia, al ser cabeza y no cola, está llamada a guiar a los pueblos y naciones con la sabiduría divina que trasciende el entendimiento humano. Sin el poder del Espíritu Santo, es imposible impactar positivamente a quienes nos rodean, mientras que el mundo, influenciado por doctrinas que alejan del amor de Dios, se convierte en seguidor de falsedades. Por ello, debemos presentar a Jesús como el verdadero líder mundial, preparándonos para los desafíos que surgirán, incluida la llegada de un anticristo que intentará usurpar su lugar.

La Mujer y Su Valor en el Reino de Dios
En este capítulo, quiero que el lector comprenda el inmenso valor de la mujer ante Dios, ya que ella representa la iglesia, comprada con sangre. Además del liderazgo innato que todos poseemos, se nos ha otorgado la capacidad de ministrar y promover los asuntos del reino de Dios en la tierra como sus embajadores.

La Iglesia como Reinas

Este concepto de liderazgo comienza en el hogar. Por naturaleza, cada uno de nosotros tiene el poder de ser un líder, por lo que se nos ha confiado un hogar para ser cabeza y gobernar con sabiduría. La iglesia, como sacerdotisa, tiene la responsabilidad de revelar y promover los asuntos del reino de Dios entre los hombres.

La Misión de la Iglesia

La misión de la iglesia de Cristo es ser cabeza y no cola, lo que implica que cuenta con una sabiduría que trasciende el entendimiento humano, gracias al conocimiento de la Palabra y la sabiduría divina. Como iglesia, nuestra responsabilidad es enseñar a nuestras familias a ser ejemplos de bien y a escapar de la condenación del alma. Sin la sabiduría de Dios, sería imposible ejercer un liderazgo efectivo en el hogar y en la comunidad. Para ministrar los asuntos de Dios en la tierra, debemos estar llenos del Espíritu Santo, para poder hablar de parte de Dios y que el mundo reciba las buenas nuevas de salvación. Sin ese poder, no podremos impactar a nuestros hijos, a nuestra familia, ni a aquellos que se crucen en nuestro camino.

La Influencia del Mundo

La gente en el mundo vive influenciada por doctrinas que, en lugar de promover el bien, tienden a fomentar el mal. Quien actúa como "cola" carece de discernimiento y no puede analizar lo positivo y lo negativo, convirtiéndose en un seguidor de una religión que, lejos de acercarle al amor de Dios y al prójimo, le aleja de la verdad. La iglesia, en cambio, está llamada a ser cabeza, guiada por la mente de Dios y no por la filosofía humana. Tiene la autoridad para dirigir pueblos, ciudades y naciones, otorgada por Cristo en la cruz. Al igual que en una campaña política donde cada líder debe promover su visión, la iglesia tiene el llamado de presentar a Jesús como el líder mundial. Sin embargo,

debemos estar alertas, pues vendrá un anticristo que intentará tomar ese lugar por un breve tiempo.
- ✓ *Apocalipsis 1:6: "y nos hizo reyes y sacerdotes para Dios, ...*
- ✓ *Apocalipsis 5:10: "y nos has hecho para nuestro Dios reyes...*

¿Desde donde nace un líder malvado?

Un líder malvado nace a menudo de un entorno familiar disfuncional, donde desde una edad temprana, alrededor de los siete años, el niño comienza a formar su concepto de liderazgo basado en lo que observa. Si crece en un hogar donde prevalecen el abuso y la falta de comprensión, internaliza estos comportamientos como modelos a seguir. Así, al llegar a la adultez, replicará los mismos patrones negativos en su propio hogar y comunidad. La ausencia de buenos ejemplos y la influencia de un entorno tóxico distorsionan su visión del liderazgo, llevándolo a ejercer control de manera destructiva, perpetuando un ciclo de daño en lugar de promover el bienestar y la justicia.

El liderazgo sano

El liderazgo sano en un hogar comienza con la educación en valores desde una edad temprana, donde los padres, especialmente las madres, juegan un papel crucial. Como esposa y madre, es esencial que enseñes a tus hijos sobre la buena convivencia y la verdad, para que crezcan con una base sólida que los guíe en la vida. Sin embargo, para poder influir positivamente en sus vidas, es fundamental que primero trabajes en tu propia salud emocional. Las emociones de una madre impactan directamente en sus hijos; si sus emociones están desequilibradas, es probable que afecten el bienestar emocional de la familia. Además, la relación entre la madre y el padre establece una dinámica que puede perpetuar un ciclo de dolor o, por el contrario, de sanación. Aun cuando algunas mujeres luchan para proteger a sus hijos de un entorno tóxico, esta lucha interna puede generar una guerra emocional que dificulta la armonía familiar. Así, un liderazgo sano se construye sobre la base de la salud emocional, el amor y el respeto mutuo en el hogar.

Todos tenemos el mismo derecho

El acceso a Dios ha cambiado radicalmente desde la antigüedad, cuando los sacerdotes eran los únicos mediadores entre el pueblo y el Señor. Con la muerte de Jesucristo y el rasgar del velo del templo, este privilegio se extiende a todos nosotros. Ahora, cada creyente puede acercarse confiadamente al Trono de Gracia y ser considerado un sacerdote ante Dios (Hebreos 4:16; 10:21). Jesucristo, nuestro Sumo Sacerdote, eliminó los obstáculos que nos separaban de la presencia divina, otorgándonos la responsabilidad de cultivar nuestra relación personal con Él. Esto significa que ya no necesitamos mediadores humanos; en su lugar, los ministros son llamados ancianos, diáconos y pastores, quienes guían y enseñan a la congregación (Efesios 4:11; 1 Timoteo 3:1-8). Además, la confesión de pecados ha evolucionado: ahora podemos acudir directamente a Dios para encontrar perdón (1 Juan 1:9) y, en caso de ofender a un hermano, debemos acercarnos a él para sanar y liberar nuestro corazón (Santiago 5:16). La iglesia, como reina y sacerdotisa, no solo dirige a su familia con amor y paciencia, sino que también les ministra los asuntos de Dios, asegurando una estabilidad espiritual que perdura en el tiempo.

Los distintivos de una mujer

✓ **La mujer como reina:** Dios ha dotado a las mujeres del poder y la capacidad para ser líderes en sus hogares, ejerciendo autoridad y brindando un buen testimonio frente a sus hijos. Cada uno de nosotros tiene un lugar de mando, y la habilidad para dirigir correctamente nuestro hogar es fundamental; de hecho, quien no sabe cuidar su

casa no está en posición de liderar en otros ámbitos (1 Timoteo 5:8).
- ✓ **La mujer como sacerdotisa:** Representando a la iglesia de Cristo, la mujer tiene el llamado de reflejar los asuntos del reino de Dios en la tierra. La Biblia enseña que no hay distinción entre hombres y mujeres ante los ojos de Dios; ambos son iguales y han sido comprados al mismo precio. Tanto hombres como mujeres tienen la responsabilidad de compartir el plan de salvación y ministrar esperanza a aquellos que están perdidos. Juntos, deben trabajar para rescatar almas y promover la verdad divina en el mundo.

La iglesia de Cristo

La iglesia de Cristo ha recibido una gran comisión, un legado que nos llama a ir por todo el mundo y compartir el plan de salvación. Este mandato no es exclusivo de unos pocos; todos estamos llamados a llevar el único evangelio que transforma y salva. Es nuestra responsabilidad como creyentes ser heraldos de esta buena noticia, llevando esperanza y redención a cada rincón de la tierra.

- **Mateo 28:19:** *"Por tanto, id y haced discípulos a todas las naciones…"*
- **Marcos 16:15:** *"Y les dijo: Id por todo el mundo y predicad el evangelio a toda criatura…"*

La gran comisión de la iglesia (la novia)

Como iglesia, nuestra misión es enseñar y promover tres puntos fundamentales que nos conectan con el Alfa y la Omega, el principio y el fin. Antes de llevar a las personas al bautismo o a un encuentro con el Espíritu Santo, debemos primero cumplir con la orden de "id y haced discípulos". Esto implica instruir a la gente en la Palabra de Dios, comenzando por el origen de todas las cosas creadas que revelan el amor de nuestro Padre Celestial. Es crucial comprender que no podemos entender plenamente a Jesús sin reconocer que Dios se hizo carne para acercarse al hombre. Sin el Alfa, no podremos comprender el final, la Omega, donde el Espíritu Santo toma el control de todo. Esta enseñanza es esencial para que cada discípulo pueda experimentar una transformación completa y profunda en su vida espiritual.

Tres puntos básicos para la evangelización

1. **Dios como Padre (Pasado):** Es esencial enseñar al mundo a reconocer a Dios como el Creador y Padre de toda la humanidad. Como se menciona en Génesis 1:27, "Y creó Dios al hombre a su imagen; a imagen de Dios lo creó; varón y hembra los creó." Al igual que se llama "padre" a quien crea algo, Dios es el Padre de la creación. Adán y Eva fueron formados por Su voluntad, y reconocer a Dios como nuestro único Padre es fundamental para liberarnos de la maldición del pecado. Al aceptar a Dios como nuestro Padre, comenzamos a adoptar Su naturaleza y a convertirnos en Sus hijos, como se señala en **Juan 1:12**: "Mas a todos los que le recibieron, a los que creen en su nombre, les dio potestad de ser hechos hijos de Dios."

2. **Dios como Hijo (Presente):** La iglesia debe comunicar cómo Dios se hizo hombre en la persona de Jesús para cumplir la gran comisión de salvar al ser humano. **Lucas 19:10** dice: "Porque el Hijo del Hombre vino a buscar y a salvar lo que se había perdido." Jesús vivió entre nosotros, experimentó nuestra naturaleza y se convirtió en nuestro abogado. Él nos mostró el camino de regreso a Dios y pagó el precio por nuestra redención en la cruz, como se menciona en **Romanos 5:8**: "Pero Dios muestra su amor para con nosotros, en que, siendo aún pecadores, Cristo murió por nosotros." Al declarar Su nombre, afirmamos que "Jesús ya pagó" por nuestra libertad.

3. **Dios como Espíritu Santo (Futuro):** Después de completar Su misión terrenal, Jesús nos prometió un Consolador, el Espíritu Santo. Juan 14:16-17 dice: "Y yo rogaré al Padre, y os dará otro Consolador, para que esté con vosotros para siempre." Esto indica que, aunque nuestro cuerpo eventualmente volverá al polvo, nuestra alma tiene la oportunidad de vivir eternamente en un lugar mejor. La llegada del Espíritu Santo, manifestada en **Hechos 2:4**, nos brinda la "doble porción de vida" necesaria para la resurrección y la comunión eterna con Dios. Sin esta unción, no podemos esperar la resurrección ni el acceso al paraíso, como se menciona en **1 Tesalonicenses 4:16-17: "Porque el Señor mismo descenderá del cielo con gran voz de mando... y los muertos en Cristo resucitarán primero."

El mandato divino de la gran comisión

El mandato divino de la gran comisión nos recuerda que el Espíritu Santo nos ha dotado de un poder sobrenatural para resistir la manipulación de Satanás y vivir conforme a la voluntad de Dios. Como se menciona en **Mateo 28:19-20**, "Por tanto, id, y haced discípulos a todas las naciones", debemos ir preparados, con el conocimiento del Padre, del Hijo y del Espíritu Santo, entendiendo la importancia del NOMBRE DE JESÚS en nuestra misión. Este nombre no solo es un símbolo de autoridad, sino un recordatorio de que "todo lo que pidáis al Padre en mi nombre, lo haré" (**Juan 14:13**). Así, nuestra labor de evangelización debe estar fundamentada en la comprensión del origen de la creación, presentando a Dios como el Creador, a Jesús como el Salvador y al Espíritu Santo como nuestro Consolador, quien nos guía en el cumplimiento de esta gran responsabilidad.

Tres bases importantes para hablarle al mundo

Como Iglesia, estamos llamados a discipular al mundo bajo la verdad de la Palabra de Dios, recordando que "ya no hay judío ni griego; no hay esclavo ni libre; no hay varón ni mujer; porque todos vosotros sois uno en Cristo Jesús" (Gálatas 3:28). Esta gran comisión nos insta a "ir y hacer discípulos" (Mateo 28:19), lo que implica conocer y enseñar Su Palabra con poder y autoridad. Además, las mujeres creyentes tienen la responsabilidad de ser ejemplos para las más jóvenes, instruyéndolas en el amor y la honestidad, tal como se menciona en **Tito 2:3-5**: "Maestras del bien que enseñan a las mujeres jóvenes a amar a sus maridos y a sus hijos". Así, al vivir sin hipocresía y dominando nuestros impulsos, podemos reflejar el amor de Dios y guiar a la nueva generación hacia la verdad y la salvación.

El privilegio de una humanidad que se somete a Dios

El privilegio de una humanidad que se somete a Dios es inmenso, ya que permite que "la tierra sea llena de su gloria" (Habacuc 2:14). Al rendirnos a Él, nos convertimos en instrumentos de Su voluntad, llevando Su luz al mundo. Dios nos ve como únicos y nos conoce íntimamente (Salmos 139:1-4), reconociendo nuestras acciones y decisiones, y nos llama a reflejar Su amor y justicia en nuestras comunidades.

- *La tierra sea llena de su gloria.*
- *Dios piensa en ella como única.*
- *Eres conocida por todo lo que hace.*

La Tierra (la mujer) sea llena de su gloria:

La Tierra, representando a la mujer, debe estar llena de Su gloria, como se expresa en *Salmos 104:24: "¡Cuán innumerables son tus obras, oh, Jehová! Hiciste todas ellas con sabiduría; la tierra está llena de tus beneficios."* Al buscar Su gloria, encontramos la satisfacción de ser hijas de Dios, reconociendo Su sabiduría en cada aspecto de nuestra vida y en la creación que nos rodea.

Dios piensa de ti como única:

1. Dios te considera única por varias razones:
2. Como madre del mundo, en la que confía, incluso para cuidar de Su propia creación.
3. Como ayuda idónea, dispuesta a dar vida a los hijos del bien en la tierra.
4. Cuando ejerces tu autoridad, usando el poder que te dio para vencer el mal con el bien en el nombre de Jesús.
5. Al llenarte de Su paz, superando obstáculos con sencillez y ternura, y viviendo confiada en el dador de la vida.
6. Al abrir tu mente para aprender, dotándote de la sabiduría para discernir el mal y prevenirlo. Estas cualidades reflejan el valor que Dios ve en ti y tu potencial para impactar el mundo.
7. Únicas en la creación: No puedes compararte con nadie porque eres un ser especial para Dios y el mundo sin ti no podría haber multiplicación.

- ✓ *Por tu valor:* Estas dispuesta sufrir para dar vida.
- ✓ *Por tu forma de amar:* Eres capaz de entregar tu vida por otro ser.

Eres reconocida por tus virtudes

- ✓ **Sabe administrar tus bienes:** Cuando tu esposo se sienta con los ancianos de la tierra, tu valía brilla. Los sabios reconocen tus cualidades, mientras que los ignorantes a menudo se enfocan en lo negativo. Una mujer sabia genera firmeza y paz en su familia; su estado refleja lo que lleva en su interior.

✓ **Tu sabiduría es crucial:** Sin ella, todo lo demás es en vano. "Porque Jehová da la sabiduría, y de su boca viene el conocimiento y la inteligencia" (Proverbios 2:6).

✓ **Eres versátil y creativa:** Capaz de hacer múltiples cosas para prosperar en el hogar, cumpliendo así con el propósito divino de abundancia.

✓ Una mujer sabia nunca pierde tiempo: Su legado es preparar el camino para sus hijos, sabiendo que sus oraciones y esfuerzos no serán en vano, pues algún día regresarán al redil.

✓ **Sabe mantenerse de pie aun con un corazón roto:** Una mujer sabia tiene la fortaleza para enfrentar el dolor sin rendirse. Aunque su corazón pueda estar roto, se levanta con determinación, buscando sanación en la fe y en su relación con Dios. Su resiliencia no solo la sostiene, sino que también inspira a quienes la rodean. Ella entiende que el sufrimiento puede ser una oportunidad para crecer y aprender, convirtiendo sus heridas en testimonios de superación. Así, su capacidad para mantenerse firme a pesar de las adversidades refleja una profunda confianza en el propósito divino que la guía.

✓ **Es capaz de dar su vida por sus hijos:** Una madre verdaderamente dedicada no duda en sacrificar su propio bienestar por el de sus hijos. Su amor incondicional la impulsa a enfrentar cualquier desafío y a hacer sacrificios, ya sean grandes o pequeños, para garantizar su felicidad y seguridad. Ella está dispuesta a dar lo mejor de sí misma, incluso a costa de su propia comodidad, porque su mayor deseo es ver a sus hijos prosperar y alcanzar su máximo potencial. Este amor sacrificial no solo brinda protección, sino que también crea un legado de fortaleza y valentía que los hijos llevarán consigo a lo largo de sus vidas. Su disposición a darlo todo es un reflejo del amor divino que trasciende cualquier circunstancia.

El Padre celestial siempre vela por ella

Cuando te alejaste de Dios en el huerto del Edén y, por desobediencia, saliste de su hogar, Él vio tu enojo y tristeza. A pesar de tu caída, mostró compasión y decidió enviarte un rescate. En tiempos pasados, anduviste alejada, atrapada por el mundo y el príncipe de la potestad del aire, quien intentó destruir tu simiente. Caín, al matar a Abel, olvidó que tu vientre estaba destinado a dar vida en abundancia. Sin embargo, Dios no te abandonó; te rescató y te elevó al permitirte dar a luz a Set, quien continuaría la línea del pueblo de Dios (Efesios 2:3; 6:10-12). Su amor y cuidado siempre han estado presentes, guiándote hacia la renovación y la esperanza.

La mujer necia

No permitas que el enemigo destruya tu simiente ni le entregues tu vientre para concebir el mal, como Caín. Evita enseñar a tus hijos malas prácticas; de lo contrario, en lugar de ser una ayuda idónea para promover el bien, te convertirás en enemiga de Dios, y tus propios hijos pueden volverse contra ti. Los hombres de mal proceder vienen a la tierra para derramar sangre inocente y desviar a muchos de la verdad. Aquellos que solo buscan su propio beneficio, sin preocuparse por los demás, se convierten en instrumentos del mal.

La humanidad que niega el llamado de Dios

La humanidad que niega el llamado de Dios se refleja en el ejemplo de Vasti, una mujer imprudente, egocéntrica y soberbia. A pesar de ser llamada, ella rechaza la voz de Dios, aferrándose a su propio deleite e intereses. Vasti desprecia su reinado, su posición social y no valora a su compañero, mostrando un carácter egoísta e ignorante. Aunque parece tenerlo todo: esposo, riqueza, belleza, le falta lo más crucial: sabiduría, humildad y prudencia. A nivel emocional, a pesar de sus posesiones, se siente hastiada en su relación, simbolizando a una humanidad que, por su falta de fe y entrega, se aleja de lo que realmente importa.

Una iglesia rebelde remplazada
Espiritualmente, Vasti representa a Israel, que desechó la voz de su amado al sentirse autosuficiente. Como resultado, Israel rechazó al Mesías, lo que permitió a los gentiles (la iglesia) disfrutar de la gracia salvadora. Vasti fue reemplazada por Ester, quien simboliza a la iglesia que se somete a la voz de su Señor y experimenta Su presencia. En general, Vasti representa a la humanidad o a la iglesia que, por falta de temor y obediencia a la Palabra de Dios, enfrentará la persecución de la "Gran tribulación". Esta es la iglesia que, en la actualidad, da poca importancia a su salvación y es conocida como la iglesia de Laodicea, que profesa a Dios, pero también ama al mundo, lo que la dejará fuera del rapto (Ester 1:17; 1 Juan 2:15; Apocalipsis 3:14-17).

La mujer ociosa
La mujer ociosa se vuelve necia, como la serpiente en el huerto del Edén, malgastando su tiempo en chismes, calumnias y criticando a los demás. Aquella humanidad que descuida su vida espiritual cree erróneamente que vivirá para siempre en esta tierra, dedicando su tiempo a las cosas terrenales y ignorando la realidad de la muerte y su destino eterno (Mateo 25). La iglesia es representada por diez vírgenes, un símbolo que alude a los cinco sentidos del cuerpo (lo exterior) y a los cinco sentidos del alma (lo interior). Si dedicamos nuestros sentidos externos únicamente a lo material, descuidamos el desarrollo de nuestra

vida espiritual, lo que pone en riesgo nuestra salvación. Por ello, se nos advierte: "No estéis afanados por las cosas materiales" (Mateo 6:31-34).

La mujer que ama su tiempo

Como mujeres del reino, debemos invertir sabiamente nuestro tiempo para reinventarnos y ser productivas. Es crucial recargar nuestra energía cada día en actividades que tengan valor personal y sean útiles para los demás. La ociosidad, por el contrario, nos puede llevar a serios problemas. A menudo, dedicamos demasiado tiempo a situaciones emocionales del pasado, en lugar de apreciar el presente y buscar soluciones efectivas. El enemigo intenta robar nuestra energía involucrándonos en luchas inútiles y relaciones infructuosas, especialmente a través de nuestros seres queridos, quienes pueden causar las heridas más profundas. La ansiedad surge cuando sentimos que perdemos tiempo en lo improductivo; por ello, es vital nutrir nuestro entendimiento con la Palabra de Dios para encontrar estabilidad y claridad en nuestras decisiones.

La humanidad sabia

La mujer sabia, representando a la humanidad o la iglesia, debe mantener una expectativa positiva sobre el tiempo, incluso cuando parece ir de mal en peor, ya que cada día nos acerca a nuestra meta final. Hablar mucho y actuar poco puede llevar a años de estancamiento. Además, la mayor enemiga de la mujer son sus emociones, y es vital que se mantenga alerta ante ellas. Con su mente abierta y la capacidad de dar vida, puede dejarse guiar por impulsos emocionales. Sin embargo, al someterse a la Palabra de Dios, la humanidad conoce su deber y aprovecha su tiempo en actividades valiosas. Perder el tiempo en murmuraciones, chismes, envidia y celos solo nos aleja del crecimiento espiritual (Efesios 5:16-18). Como dice Proverbios 31:24-27: "Hace telas y vende; da cintas al mercader. Fuerza y honor son su vestidura..."

Jesús vino a reconocer el valor de la mujer

Jesús, el hijo del carpintero y de la simple mujer llamada María, vino a otorgar un valor profundo a la mujer, representando así a toda la humanidad. Nació de ella y se sometió a su cuidado, enseñanza y protección. Con esto, Jesús demostró que la mujer es una reina, única y exclusiva, creada a imagen y semejanza de Dios. La mujer no es un objeto ni un mueble que pueda ser manipulado; es, en realidad, la madre del Creador. Su dignidad y valor son intrínsecos, reflejando el amor y respeto que Dios tiene por ella.

Cuando el mal se apodera de la mente

Un hombre que creció presenciando abusos y maltrato hacia la mujer suele desarrollar una visión negativa de ella, lo que dificulta la intimidad y el respeto en sus relaciones. Este doloroso patrón puede convertirlo en un instrumento del enemigo, destinado a dañar las emociones de las mujeres a su alrededor. Un hombre que maltrata a una mujer ya sea verbal o físicamente, carece del corazón de Dios y se encuentra bajo la influencia de fuerzas malignas que buscan destruir su familia. La mujer no debe tolerar ningún tipo de violencia, ya que no solo afecta a su hogar, sino que también perjudica a la sociedad en su conjunto, dando espacio al enemigo para sembrar el mal. Es crucial mantenerse firme en la defensa de su hogar, reprender a Satanás y sus influencias, y asegurarse de que el hogar no se convierta en un refugio para los demonios.

El valor de la mujer es único

✓ **Eres de gran estima:** Proverbios 31:10-12 dice: "Mujer virtuosa, ¿quién la hallará? Porque su estima sobrepasa largamente..." Esto resalta el valor intrínseco de la mujer, quien es un pilar fundamental en el hogar y la comunidad.

- ✓ **Aprovecha bien el tiempo y tus oportunidades:** La mujer que se deja llevar por lo vano termina atrapada en situaciones complicadas, como chismes y celos. Es esencial invertir el tiempo en actividades productivas y creativas, no solo para su bienestar, sino también para el de su familia. Una mujer debe cuidarse a sí misma y a sus seres queridos con prudencia, dedicando tiempo a su crecimiento personal, mental, emocional y espiritual.
- ✓ **Hace el papel de consejera y psicóloga:** El tiempo dedicado a la familia es crucial; si se descuida, los hijos pueden volverse fríos y buscar afecto en lugares inapropiados. La comunicación es vital, así que es fundamental establecer momentos para hablar con cada miembro del hogar. No comprometas tu tiempo personal, y recuerda que incluso tu mascota necesita atención para mantenerse feliz y saludable.
- ✓ **Ama a sus hijos igual:** Cada hijo es único y puede requerir diferentes niveles de atención. Ignorar esto puede dificultar la convivencia y el bienestar familiar. Un entendimiento mutuo y la dedicación de tiempo son clave para fortalecer los lazos familiares y asegurar un ambiente armonioso.

Problemas que afectan a la mujer

- **La codependencia:** La estructura cerebral de la mujer requiere que exprese entre cuatro y cinco mil palabras al día, mientras que el hombre, al ser más lógico, tiende a comunicarse menos. Esta diferencia puede generar conflictos en las relaciones debido a la mala interpretación de las necesidades emocionales.
- **La necesidad de conexión íntima:** La mujer, al buscar una conexión íntima, puede volverse dependiente emocionalmente, lo que la deja vulnerable a la ansiedad y la depresión si sus necesidades no son satisfechas. Para liberarse de la codependencia, es crucial que invierta su

tiempo en actividades satisfactorias y productivas que fomenten su autosuficiencia. Esto puede ayudar a reducir la necesidad de atención externa.

- **Necesidad de subir su autoestima:** La necesidad de elevar la autoestima es fundamental para la salud emocional de la mujer. Muchas veces, influenciada por estándares sociales y presiones externas, puede subestimar su valor y capacidades, lo que impacta negativamente en su bienestar y en sus relaciones. Para mejorar su autoestima, es esencial que reconozca y celebre sus logros, por pequeños que sean, y se rodee de personas que la apoyen. Practicar la autoaceptación, establecer metas realistas y dedicar tiempo al autocuidado también son pasos cruciales. Al recordar que su valor no depende de la opinión de los demás, sino de su propia percepción y amor propio, puede cultivar una mentalidad positiva y enfrentar los pensamientos autocríticos, fortaleciendo así su sentido de valía.

- **Buscar sus propios valores internos:** Si no tiene a alguien con quien hablar, escribir sus pensamientos puede ser una herramienta efectiva para procesar sus emociones y encontrar claridad. Es fundamental que cada mujer busque maneras de nutrir su bienestar emocional para vivir una vida equilibrada y saludable.

- **Sanar la sensación de inferioridad:** Sanar la sensación de inferioridad es esencial para que la mujer reconozca su verdadero valor, ya que desde la infancia se le ha hecho creer que su valía depende de su apariencia física frente a los hombres. Esta percepción negativa a menudo proviene de comparaciones con otros o de experiencias pasadas que han minado su confianza. Para sanar esta herida, es crucial trabajar en la autoaceptación y en la construcción de una autoestima sólida, lo que implica identificar y desafiar pensamientos autocríticos, enfocarse en sus fortalezas y celebrar cada pequeño logro. Establecer un entorno de apoyo, rodeándose de personas que valoren su autenticidad, también es fundamental. La práctica de la gratitud y el autocuidado ayuda a cultivar una mentalidad más saludable. Con el tiempo, al reprogramar su forma de pensar, podrá liberarse de las cadenas de la inferioridad y abrazar su identidad única y valiosa.

La mujer única es libre de la codependencia

Debe buscar una amiga confiable con quien desahogarse y así reducir la dependencia emocional de su pareja. Muchas mujeres cargan con la creencia de que su valor depende del amor masculino, lo que las lleva a buscar apoyo fuera de la relación, ya que los hombres a menudo no están disponibles para escuchar. Es vital elegir bien a quienes se permite entrar en su intimidad, pues no todos son verdaderos amigos. Una mujer única reconoce su identidad y no malgasta su tiempo con personas insanas, ni depende de un hombre para sentirse bien. Consciente de sus virtudes, también busca mejorar sus debilidades. No espera por otros; se dedica a actividades que le aporten, como la costura, la repostería o el arte. En contraste, la mujer ociosa se siente vacía e insegura, lo que puede llevarla a la amargura y la envidia. Para alejar esos sentimientos negativos, es esencial que cada mujer encuentre algo que la haga sentir útil y valiosa. Así, la mujer activa se convierte en una administradora creativa que siempre tiene algo que ofrecer, disfrutando de una vida plena y satisfactoria.

Hay que buscar la misión por la que vinimos a la vida

Buscar la misión por la que vinimos a la vida es esencial. Muchas mujeres en la Biblia, como Dorcas, nos muestran el poder de contribuir al bienestar de otros. Dorcas, conocida por las túnicas y vestidos que confeccionaba para ayudar a los pobres (Hechos 9:36-39), es un ejemplo de cómo podemos usar nuestro tiempo de manera productiva y significativa. Cada uno de nosotros tiene algo valioso que ofrecer al mundo, y es fundamental descubrir nuestra misión para encontrar propósito y satisfacción en la vida. Sin un sentido claro, la existencia puede volverse monótona e insatisfactoria. Así, al identificar nuestra labor, no solo beneficiamos a los demás, sino que también encontramos un propósito que enriquece nuestras propias vidas.

Dios busca una mujer real

Una mujer única es aquella que se reconoce a sí misma en su totalidad, valorando tanto sus virtudes como sus imperfecciones. Ella busca su crecimiento personal y emocional, sin depender de la validación externa. En lugar de esperar la atención de otros, se rodea de relaciones saludables y significativas que enriquecen su vida. Esta mujer cultiva su creatividad y busca ser productiva, ya sea a través de pasatiempos, proyectos o contribuciones a su comunidad. Su fortaleza reside en su capacidad para enfrentar desafíos con resiliencia y en su compromiso con su propio bienestar. En definitiva, una mujer única no solo se define por lo que hace, sino por su autenticidad y el amor propio que irradia.

Capítulo XIII

LAS MUJERES VALIENTES Y ÚNICAS DE LA ANTIGÜEDAD

Desde el principio, Dios ha trazado un camino para que la humanidad elegida forme el ejército y la iglesia de Cristo, utilizando el vientre de la mujer para cambiar la historia y sembrar la simiente que derrotará a Goliat (Satanás) y traerá luz y salvación. En este contexto, es vital que cada mujer reconozca su valor único y el legado de fe que lleva dentro. La Escritura nos recuerda en Proverbios 31:10: "Mujer virtuosa, ¿quién la hallará? Porque su estima sobrepasa largamente a la de las piedras preciosas." Este llamado no solo invita a las mujeres a transformar pensamientos negativos en positivos, sino que también les recuerda que, al ofrecer sus dones y su vida, pueden impactar generaciones. Eva, como símbolo de la humanidad, fue rescatada por María, quien ofreció su vientre para dar a luz a Cristo, la luz del mundo (Lucas 1:35). Si permanecemos firmes en esta verdad, como se menciona en 1 Timoteo 2:15, seremos partícipes de la salvación, no solo para nosotras mismas, sino también para nuestras generaciones.

Mujeres que usaron su autoridad:

Quiero que observes la dinámica de cada una de estas mujeres que voy a presentarte, ya que cada una representa un perfil de la iglesia de Cristo y la imagen que debería proyectar ante tantos espectadores. Recuerda que este es un evento de modelaje y, entre estas mujeres, a ti y a mí nos toca representar la reina que Dios ha elegido embajadora en esta tierra. Aquí, no solo importa tu belleza externa (tu testimonio), sino también tu sabiduría, que se nutre de la guía de la Palabra de Dios y gobierna tu mente, permitiéndote manejarte con seguridad y cordura ante los demás. Sobre estas mujeres, ha caído el manto de la Palabra, el mejor atuendo de la unción. Ese manto que Elías (Jesús) dejó caer sobre Eliseo (la iglesia) es la misma unción que hoy nos cubre, capacitando a la iglesia para pregonar la verdad que transforma y salva (Juan 8:32).

La unción de Sara

Sara, mujer de Abraham y madre de multitudes, concibió un hijo a los 90 años y vivió hasta los 127, convirtiéndose en un símbolo de que cuando Dios promete, cumple, incluso cuando la esperanza parece perdida. A pesar de lo que la ciencia pudiera afirmar, Dios le prometió un hijo a Abraham y a Sara, demostrando que, para Él, siempre hay una respuesta, sin importar las circunstancias. Las Escrituras, como Génesis 18:10-14 y Génesis 21:1-7, reflejan esta fe inquebrantable. Sara representa a una humanidad que vive por fe y no por vista, creyendo en Dios a pesar de lo que el mundo diga. Hoy, anímate a tomar el manto de Sara y vive por fe, desechando tus imposibilidades externas. Recobra la vida, el aliento y la fe en la Palabra, para que puedas ver el mar abrirse ante ti y tu mente se expanda para dar vida. La fe es la característica fundamental de aquellos que se rinden a la poderosa mano de Dios. Reconoce a tu Señor, llámalo por su nombre y permite que se enseñoree sobre ti.

- *Habacuc 2:4: "He aquí que aquel cuya alma no es recta, se enorgullece; más el justo por su fe vivirá".*
- *Romano 1:17: "Porque en el evangelio la justicia de Dios se revela por fe y para fe, como está escrito: Mas el justo por la fe vivirá".*

La unción de Fúa y Sifra

Fúa y Sifra fueron dos parteras que, durante la opresión del faraón, desobedecieron su orden de matar a los varones hebreos recién nacidos y, en cambio, preservaron sus vidas. Estas mujeres representan a una humanidad que no se somete a las órdenes del dios de este siglo, sino que elige obedecer la voz de Dios sin temor, lo que les permite prosperar en sus almas. La humanidad que Dios busca hoy no debe temer las amenazas de este mundo; al contrario, debe lanzarse a mantener viva la misión de salvación. Al hacerlo, permiten que la imagen de Dios brille en la tierra, resistiendo los intentos del maligno de apagar la luz de Cristo, que es la verdad y la autoridad sobre las tinieblas. Con confianza plena, Fúa y Sifra ayudaron a dar vida a los hombres que representarían a Dios. En este simbolismo, los varones representan lo espiritual y las mujeres la tierra, lo que revela que Satanás intenta eliminar la parte espiritual del hombre para que solo prevalezca lo carnal. Sin embargo, aunque el diablo busque borrar el nombre de Dios, el control sobre la vida y la muerte está en las manos del Señor.

- *Éxodo 1:15–22-RVR 1960: "Y habló el rey de Egipto a las parteras de las hebreas, una de las cuales se llamaba Sifra, y otra Fúa, y les dijo: Cuando asistáis a las hebreas en sus partos, y veáis el sexo, si es hijo, matadlo; ...*

La unción del manto de Jocabed

Jocabed, la madre de Moisés esperó hasta que él tuvo tres meses antes de actuar, creando un medio de salvación al colocar a su hijo en una cesta y dejarlo flotar por el río Nilo. Su fe y valentía preservaron la vida de Moisés, quien fue encontrado por la hija del faraón y criado en el hogar del enemigo. Moisés, futuro libertador que representa a Cristo, simboliza la promesa de salvación que liberó a su pueblo del yugo egipcio y lo condujo a la Tierra Prometida (Éxodo 1:22–2:10).

Jocabed encarna a una humanidad dispuesta a preservar la vida sin temor a las amenazas. Ella utiliza estrategias para llevar el fruto de la vida a otros, sin importar si son amigos o enemigos. Esta humanidad, que "tira el pan sobre las aguas" (Eclesiastés 11), guarda su generación bajo el manto de la fe, cumpliendo el mandato divino de preservar la vida de Dios en su corazón y en el de su familia.

No teme al enemigo y se adentra en el mismo corazón del trono de Satanás para dar vida a quienes están espiritualmente estériles. Así como Jocabed trazó el camino de salvación para que Moisés llegara a nosotros, la iglesia hoy busca dar vida a una humanidad perdida. Aunque éramos enemigos de Dios, Jesús nos ofreció perdón y amistad al aceptar al niño Dios en nuestros corazones.

Esta humanidad (la iglesia) no teme a las amenazas ni a las aguas contaminadas de este mundo. Dios es el Señor de las aguas, y así como liberó a Moisés, también lo hará con nosotros. Desde su infancia, Dios otorgó a Moisés autoridad sobre las aguas, un poder sobrenatural que se manifiesta al abrir el mar. Esto simboliza que, en Dios, somos más que vencedores y siempre encontraremos un camino frente a nosotros.

La humanidad actual, sumida en afán y ansiedad, a menudo no ve a Dios obrar por su falta de fe. Sin embargo, la figura de Jocabed nos invita a enfrentar cualquier obstáculo, confiando en el poder de Dios y sumergiéndonos en el río del Espíritu Santo, que nos llevará a un lugar seguro. Si Dios te libra de un río, también te rescatará de un mar. Si te saca de un pequeño problema, nada será imposible si crees y usas la Palabra. Tienes autoridad sobre las tribulaciones; solo tírate al agua y confía.

La unción del manto de Séfora

Séfora, a pesar de las críticas por su origen y costumbres, se mantuvo firme en su identidad y propósito. Ella no permitió que el juicio de los demás la intimidara, sino que ejerció su ministerio cuando su esposo, Moisés, desobedeció a Dios al no circuncidar a su hijo Eliezer (Éxodo 4:24-26). Su valentía y discernimiento la llevaron a actuar para salvar a su familia, reflejando el compromiso de la iglesia con Dios. Séfora nos enseña a levantarnos con la cabeza en alto, a enfocarnos en nuestro llamado y a no dejarnos afectar por las críticas. Al aceptar la sangre de Cristo, encontramos la liberación y la fuerza para cumplir nuestra misión de salvación. Así que, recuerda que tu relación con Dios es lo que verdaderamente importa; sigue adelante, confiando en que tu compromiso traerá la redención a quienes te rodean.

La unción del manto de Rahab

Rahab, a pesar de su pasado como ramera, vio vida donde otros solo veían muerte. Al salvar a Josué y esconder a los espías en su azotea (Josué 2:1-24), demostró una fe audaz al colocar una cuerda escarlata en su ventana, símbolo de redención. Ella representa a una humanidad sabía que, reconociendo los peligros de su tiempo, se aferra a la Palabra de Dios y la esconde en su corazón, protegiendo el plan divino hasta el día del rescate. Su confianza en la promesa de salvación a través de la sangre de Cristo la convierte en un modelo de fe. Esta es la iglesia que, como Rahab, no solo espera con paciencia la liberación del juicio final, sino que también profetiza sobre los eventos venideros, aceptando los mensajes de Dios, representados por los dos espías que simbolizan el Antiguo y el Nuevo Testamento (Hebreos 11:31 y Apocalipsis 16).

La unción del manto de Débora

Débora, la profetisa y jueza de Israel, es un poderoso ejemplo de liderazgo y fe. Capaz de organizar un ejército para liberar a su pueblo del dominio de Jabín, rey de Canaán (Jueces 4:1-24), representa a una humanidad que, sin temor a las intimidaciones del mal, se alza con firmeza en la lucha por la justicia. A pesar de las limitaciones sociales de su tiempo, Débora encontró su fuerza no en un palacio, sino bajo una "palmera", símbolo de la Palabra de Dios, que no discrimina y que imparte unción y autoridad. Ella muestra que la verdadera victoria proviene de una humanidad rendida a la voluntad divina y llena del poder del Espíritu Santo. Consciente de la promesa de victoria de Dios desde antes de su nacimiento

(Deuteronomio 7:1-5), cada creyente está llamado a profetizar triunfos sobre el mal, formando un ejército espiritual capaz de enfrentar cualquier adversidad. Como Débora, somos la iglesia que, confiando en el poder de Dios, se prepara para los desafíos, sabiendo que la lucha no es de hombres, sino de mujeres y hombres que se someten a Su voluntad, y que ya han vencido desde el principio al creer y recibir el poder de Su Palabra.

La unción del manto de Jael

Jael, contemporánea de Débora, es otra mujer valiente que puso fin a la guerra al matar a Sisara, el general de Jabín (Jueces 4:17-22). Su astucia y valentía reflejan a una humanidad que, con inteligencia y estrategia, puede engañar al enemigo mientras traza su plan en comunión con el Espíritu. Jael utilizó su entorno para crear la ilusión de seguridad, mientras que, con la Palabra de Dios como su espada, asestó el golpe decisivo, cumpliendo así la profecía de Génesis 3:15 al aplastar la cabeza del adversario. Esta acción simboliza cómo, al igual que Jael, cada creyente puede usar la Palabra para vencer cualquier argumento que se levante contra el conocimiento de Cristo en su vida (2 Corintios 10:5). Confiando en el poder de la Palabra, podemos enfrentar y desmantelar las mentiras que amenazan nuestra fe, demostrando que, con Dios, siempre hay un camino hacia la victoria.

La unción del manto de Ester o Hadasa

Ester, cuyo nombre significa "Estrella", fue una joven judía que, tras la muerte de sus padres, fue adoptada y criada por su tío Mardoqueo. Participó en un concurso de belleza y, tras captar la atención del rey persa Asuero, se convirtió en reina. Con el consejo de Mardoqueo, Ester demostró gran valentía al intervenir ante el rey para salvar a su pueblo, amenazado de muerte por el malvado Amán, quien había conspirado por odio racial contra los judíos. A pesar de arriesgar su vida, Ester actuó con dignidad, sabiduría y humildad, contrastando con la desobediente reina Vasti, quien había perdido su posición por su arrogancia. En un tiempo en que se esperaba que las mujeres fueran sumisas, Ester se levantó como una figura valiente y decisiva, mostrando que incluso en las circunstancias más difíciles, la fe y la determinación pueden cambiar el destino de un pueblo.

El significado de Vasti y Ester

Refleja las dos caras de una humanidad elegida como esposa del mismo rey, mostrando tanto fuerza como humildad en su carácter.

- ✓ **Vasti:** Representa a una humanidad que se levanta en contra de los caprichos sociales y los roles impuestos sobre las mujeres. Su desobediencia al rey, al negarse a participar en su banquete, demuestra su valor al desafiar las normas de su tiempo. Vasti no temió perder su posición ni su vida por defender su dignidad, simbolizando un espíritu rebelde que lucha por los derechos de la mujer. Aunque su acción puede interpretarse como un acto de liberación, también revela una falta de sabiduría, ya que, sin la guía de Dios, su lucha termina siendo vacía y rebelde.

- ✓ **Ester:** Contrasta con Vasti al utilizar su posición y los recursos que Dios le otorgó para abogar por su pueblo. Su decisión de ayunar y buscar la dirección divina antes de actuar muestra una humanidad dispuesta a someter su naturaleza humana a la voluntad de Dios. Ester, aunque hermosa y en una posición privilegiada, reconoce que su verdadero valor radica en su relación con Dios. Ella lucha por la justicia no solo para sí misma, sino para su pueblo entero, evidenciando un enfoque más elevado y altruista en su misión.

La mujer ungida piensa en el bien de los demás

Mientras que Vasti defendía su propia dignidad, Ester luchaba por el bienestar de muchos, guiándose por el Espíritu Santo. Esta diferencia es crucial: Ester ganó su batalla al depender del poder divino, mientras que Vasti, sin ese apoyo, perdió su posición. Su historia nos recuerda la importancia de buscar la dirección de Dios en la lucha por la justicia, asegurándonos de que aquellos que confían en Él nunca serán avergonzados. A menudo, deberás dejar de lado tu deseo de sentirte mejor o de pensar solo en tu propio bienestar, especialmente cuando tus hijos están en juego. A veces, la verdadera valentía implica sacrificarse por los demás, incluso si eso significa enfrentar desafíos personales. La estabilidad emocional y material de tu hogar puede depender de tu disposición a luchar por el bienestar de tu familia, como lo hizo Ester por su pueblo. Es en esos momentos de sacrificio donde se forjan los lazos más fuertes y se encuentra la verdadera fortaleza.

La Unción del Manto de Noemí

Noemí representa a una nación quebrantada en tierras extranjeras que, a pesar de sus pruebas, nunca pierde su fe en Dios. A pesar de perderlo todo—su familia y su hogar—decidió regresar a Belén, la casa de Dios, reconociendo que su verdadera seguridad radica en Él. Ella simboliza a una humanidad que, aunque parezca marchita y desolada, lleva en su interior la vida del Espíritu Santo, capaz de transmitir esperanza. Las pruebas que enfrenta Noemí no son castigos, sino oportunidades de purificación que la acercan a Dios. Al igual que Abraham, Moisés y Jesús, su experiencia en el desierto fortalece su fe y la prepara para cumplir su llamado. En medio de su quebranto, Noemí nos enseña que el amor de Dios nunca abandona a quienes le obedecen, y que siempre hay una provisión nueva. Aun cuando el mundo la llame "Mara", Dios tiene un propósito y una nueva vida para ella, siempre y cuando regrese a su presencia con un corazón sincero. Noemí es un recordatorio de que, aunque quebrantada, nunca estamos solos; Dios siempre provee compañía fiel y verdadera.

Aunque te llamen "Mara", recuerda que detrás de tu sufrimiento hay una unción poderosa que te capacita para comprender y consolar a quienes sufren a tu alrededor. Tus experiencias, aunque dolorosas, tienen un propósito: transformar tu dolor en compasión. Al final, tus sufrimientos siempre conducirán a una recompensa, revelando la gloria de Dios en tu vida y brindando esperanza a otros.

Tus tristezas se convertirán en danza. Noemí tuvo que perderlo todo para regresar a su origen y comenzar de nuevo. Su elección de un hombre que no se dejaba guiar por Dios la llevó a apartarse del camino principal. Sin embargo, al volver a Belén, encontró la oportunidad de redención y restauración. A veces, la pérdida nos enseña lecciones profundas y nos dirige de nuevo hacia el propósito divino en nuestras vidas.

La Unción del manto de Ruth

La unción del manto de Ruth es un poderoso símbolo de fidelidad y compromiso. Proveniente del linaje de David y más tarde de Jesús, Ruth dejó su tierra y su familia en Moab para acompañar a su suegra Noemí en una nueva vida en Belén (Rut 1:16-17). Su amor y lealtad hacia Noemí reflejan la bondad y compasión que Dios busca en su pueblo. A través de su sacrificio y honestidad, Ruth fue recompensada con Booz, un hombre noble que le dio una nueva oportunidad en la vida (Rut 2:1).

Ruth representa a la humanidad que elige una ciudadanía celestial sobre la terrenal, dispuesta a seguir fielmente la Palabra de Dios (Filipenses 3:20). Su vida encarna los frutos del Espíritu, como la fidelidad, el amor verdadero y la templanza, que son esenciales para el crecimiento espiritual (Gálatas 5:22). Ella nos recuerda que el verdadero amor persevera incluso en tiempos difíciles (Proverbios 17:17), y que quienes se aferran a las enseñanzas de Dios encuentran paz y propósito (Salmo 119:165).

Ruth, como la iglesia de hoy, es un ejemplo de cómo vivir con integridad y dedicación a Dios, confiando en que, al seguir el camino de la fe, nos acercamos cada vez más al verdadero hogar y a la eternidad que Él nos promete (Juan 14:2-3). Su historia nos inspira a vivir con un corazón dispuesto y a ser instrumentos de amor y bondad en este mundo. Al elegir vivir en Belén, la casa de Dios, Ruth representa a la humanidad que decide cambiar su ciudadanía terrenal por la celestial. Así, la iglesia se esfuerza por seguir el camino de la senda antigua, dejándose guiar por la unción del Espíritu Santo, porque estas enseñanzas son las que nos conducen a un sendero de paz, luz y amor eterno (Isaías 48:17-18).

Su vida nos recuerda que, al aferrarnos a las verdades de Dios, encontramos propósito y dirección en medio de un mundo cambiante (Salmo 119:105). Ruth es, por lo tanto, un modelo de cómo vivir con integridad y dedicación, reflejando la luz de Cristo en cada paso que damos. También nos recuerda que nuestra fidelidad y perseverancia nos otorgarán el triunfo de la nueva vida, cumpliendo con la promesa de nuestra ciudadanía en Cristo (Apocalipsis 2:7-10). Así, al igual que Ruth, estamos llamados a mantenernos firmes en la fe, confiando en que cada sacrificio será recompensado en el reino eterno de Dios.

La Unción del Manto de Ana

Ana, una mujer estéril en un contexto donde la fertilidad era sinónimo de bendición, se convierte en un poderoso símbolo de fe y perseverancia. Ante las miradas de desprecio y la tristeza de su situación, su clamor a Dios fue sincero y ferviente. En 1 Samuel 1, ella prometió que, si Dios le concedía el milagro de ser madre, dedicaría a su hijo al servicio divino. Dios escuchó su oración y le dio a Samuel, quien sería un instrumento clave en la historia de Israel.

Ana representa a la humanidad que se humilla ante Dios, reconociendo que sin Él nada puede lograr. Su quebranto se transforma en bendición, y su paciencia y confianza en las promesas divinas son recompensadas. Aunque muchos la veían como desdichada, su justicia resplandeció como la luz del mediodía (Salmo 37:6).

A través de Ana, Israel no solo recibió a un hijo, sino que también inició una nueva era bajo la monarquía. De igual manera, Ana simboliza a la iglesia de Cristo, que a menudo se siente estéril e incapaz de dar frutos. Sin embargo, al acercarse a Dios con humildad, puede experimentar la plenitud y el propósito a través de Jesucristo, quien es la respuesta a nuestras oraciones y la fuente de nuestra salvación.

Así, Ana nos invita a esperar con paciencia y a clamar confiados por las promesas de Dios, recordándonos que, aunque la adversidad pueda parecer insuperable, la fidelidad de Dios siempre trae consigo una nueva esperanza y un cántico nuevo (Isaías 42:10). Su historia es un recordatorio de que, a través de la fe, nuestras vidas pueden ser transformadas y utilizadas para cumplir el propósito divino.

La Unción del Manto de Rispa

Rispa, la concubina de Saúl se convierte en un poderoso símbolo de perseverancia y amor maternal. Tras la muerte de sus hijos, quienes fueron ajusticiados y colgados, ella no se resignó a su pérdida. En 2 Samuel 3:6-7 y 21:8, se nos narra cómo Rispa tomó un sayal y permaneció día y noche, ahuyentando aves y bestias para proteger los cuerpos de sus hijos, asegurando que tuvieran una sepultura digna.

Rispa representa a una humanidad que no se rinde, que lucha sin cesar por lo que ama, incluso en medio de la desolación y la desesperanza. Su esfuerzo incansable refleja la tenacidad de aquellos que claman por la vida y la redención de sus seres queridos, aunque parezcan perdidos. Es la iglesia que intercede día y noche, esperando el momento en que los muertos en Cristo sean levantados para recibir descanso eterno (1 Tesalonicenses 4:16).

A través de su ejemplo, Rispa nos enseña la importancia de persistir en la oración y el clamor, recordándonos que, aunque las circunstancias puedan parecer sombrías, Dios escucha las súplicas de aquellos que tienen fe. Su historia nos inspira a no desmayar en nuestras peticiones, confiando en que, al igual que Rispa, nuestra perseverancia y amor pueden traer esperanza y vida, incluso en situaciones que parecen sin salida.

La Unción del Manto de Abigail
Abigail es un ejemplo de sabiduría y valentía. En 1 Samuel 25:1-42, ella se enfrenta a David para interceder por su esposo Nabal, cuya negativa a recibir a David puso en peligro su vida y la de su familia. Con astucia y elocuencia, Abigail persuade a David, evitando así una tragedia inminente. Su intervención no solo salvó a su hogar, sino que también impresionó a David, quien, tras la muerte de Nabal, la tomó como esposa.

Abigail representa a la humanidad sabia que busca refugio en Dios para escapar de los juicios venideros. Ella simboliza a quienes, reconociendo su necesidad, se acercan a Jesucristo en busca de salvación y gracia. Al igual que Abigail encontró favor ante los ojos de David, esta humanidad encuentra gracia ante Dios, convirtiéndose en parte de su iglesia, la esposa del Cordero (Apocalipsis 19:7-9).

Su historia nos enseña la importancia de actuar con sabiduría y fe en momentos de crisis. Abigail nos recuerda que, al buscar el rostro de Dios y abogar por los demás, podemos ser instrumentos de salvación y transformación. Su legado de valentía y discernimiento nos inspira a ser agentes de cambio en nuestro entorno, acercándonos a Cristo y llevando su mensaje de esperanza a aquellos que nos rodean.

La Unción de la Viuda de Sarepta

La viuda de Sarepta es un poderoso símbolo de fe y obediencia en tiempos de crisis. En 1 Reyes 17:1–16, cuando el profeta Elías llega a su casa, ella se encuentra en una situación desesperada: solo tiene un poco de harina y aceite, suficientes apenas para una comida. Sin embargo, al escuchar la palabra de Elías, ella elige creer y actuar en fe. Su obediencia resulta en un milagro: la harina y el aceite nunca se agotan durante la sequía que azota la tierra.

Esta viuda representa a la humanidad que, a pesar de la escasez y la adversidad, confía en la provisión de Dios. La harina simboliza la Palabra de Dios que salva y transforma. Aunque su provisión es escasa, se convierte en suficiente cuando se presenta ante Dios con fe (Mateo 17:20). La unción que ella recibe es un recordatorio de que, en tiempos de sequía espiritual, la fe puede multiplicar lo poco que tenemos, sosteniéndonos y llenándonos de su gracia.

La historia de la viuda de Sarepta nos enseña que, aunque la vida nos deje desamparados y vulnerables, podemos encontrar en Dios nuestra fuente de provisión y esperanza. Ella es un ejemplo de cómo la iglesia, enfrentando desafíos espirituales, puede mantener viva la fe y la unción, confiando en que Dios proveerá. Su legado nos invita a cultivar una fe que, aunque parezca pequeña, puede llevar a grandes milagros en nuestras vidas y en las de quienes nos rodean.

La Unción de la Viuda de Eliseo

La historia de la viuda de Eliseo, narrada en 2 Reyes 4:1-7, nos presenta a una mujer en crisis, angustiada por la deuda que dejó su difunto esposo y temerosa de que sus hijos sean llevados como esclavos. Eliseo, el profeta, le pregunta qué tiene en casa y ella responde que solo tiene un poco de aceite. Este aceite simboliza la unción del Espíritu Santo y la vida eterna que Dios ofrece.

Eliseo instruye a la viuda a recoger vasijas vacías de sus vecinos y llenarlas con el aceite. Este acto de fe demuestra que la provisión de Dios es suficiente para transformar la escasez en abundancia. A medida que la viuda llena las vasijas, su provisión no se agota hasta que no quedan más vasijas por llenar.

Esta historia representa a la iglesia de Cristo, llamada a mantener y compartir la unción del Espíritu Santo para rescatar a los perdidos de la deuda del pecado. Así como la viuda llenó las vasijas, la iglesia tiene el deber de llevar la unción de vida eterna a aquellos que la necesitan, extendiendo la gracia y la misericordia de Dios hasta que no haya más almas por alcanzar.

La unción de la viuda de Eliseo nos recuerda que, aunque nuestras circunstancias puedan parecer desoladoras, Dios puede multiplicar lo poco que tenemos y usarlo para llevar esperanza y salvación a otros. En nuestra obediencia y fe, se manifiestan los milagros de Dios, transformando vidas y extendiendo su reino.

La Unción del manto de Hulda

Una mujer profetisa que vivió en la misma época del profeta Jeremías; consultada por el rey Josías sobre la autenticidad de cierto libro hallado en las ruinas del templo, y gracias a su interpretación, el reino de Judá volvió a creer en Dios (2 Reyes 22:13–20). La humanidad que sabe discernir en el conocimiento de las Escrituras y se deja dirigir por ella para advertir los juicios de Dios sobre el mundo por su desobediencia. Ella no solo cambia, sino que todo el mundo es impactado por este conocimiento. Esta es la iglesia que discierne el mensaje de Dios para que el mundo entienda lo que él espera de sus hijos y la consecuencia de la desobediencia.

La Unción del Manto de María (Madre de Jesús)

María, la madre de Jesús, es una figura central en la fe cristiana, representando la pureza y la obediencia a la voluntad de Dios. Al ser desposada con José y concebir por obra del Espíritu Santo, María se convierte en un símbolo de la iglesia que, siendo virgen y comprometida con Cristo, recibe la gracia divina para llevar a cabo su misión en el mundo (Lucas 1:26-38; Mateo 1:18-25).

Cuando el ángel Gabriel la saluda como "bendita entre las mujeres", nos recuerda la importancia de la aceptación y la fe en el plan de Dios. María, al aceptar su rol, se convierte en el canal a través del cual el Salvador entra al mundo. Su vida representa a la iglesia que, aunque en un mundo lleno de contaminación espiritual, se mantiene pura y consagrada a Dios.

María simboliza a la iglesia que, tras la llegada de Jesús, se fortalece con la presencia del Espíritu Santo en Pentecostés (Hechos 2:1-4). Esta iglesia está llamada a ser un testimonio vivo de la salvación, llevando el mensaje de Jesús, Emmanuel, "Dios con nosotros", al mundo.

Al igual que María, la iglesia debe ser un vehículo de la gracia divina, mostrando los frutos del Espíritu en su vida cotidiana (Gálatas 5:22-23). Su ejemplo nos enseña que, a pesar de las adversidades, la disposición a obedecer y confiar en Dios puede traer transformación y esperanza, convirtiéndonos en instrumentos de salvación para los demás.

María, como madre de Jesús, no solo nos recuerda el inicio del plan de redención, sino que también nos desafía a vivir en comunión con el Espíritu Santo, llevando el amor y la verdad de Cristo a cada rincón del mundo.

La Unción de María y Marta

María y Marta, hermanas de Lázaro, representan dos facetas de la vida cristiana y la relación de la iglesia con Jesús. Ambas tenían una estrecha amistad con Él, y en distintas ocasiones, Él y sus discípulos se alojaban en su hogar. La interacción entre María y Marta nos invita a reflexionar sobre nuestra propia relación con Dios. ¿Estamos, como María, dispuestos a sentarnos a sus pies y absorber su enseñanza, o nos encontramos, como Marta, atrapados en la rutina y las distracciones de la vida? La unción de ambas mujeres resalta la importancia de encontrar un equilibrio entre el servicio y la adoración, recordándonos que la verdadera esencia de nuestra fe se encuentra en la comunión con Cristo. A través de ellas, aprendemos cuál es nuestra mejor elección en el reino de Dios: priorizar el tiempo con Él, permitiendo que Su palabra y Su amor transformen nuestras vidas. Al hacerlo, descubrimos el propósito y la paz que solo Él puede ofrecer. Ver a ambas:

- ✓ **María** es conocida por su dedicación a escuchar las enseñanzas de Jesús, simbolizando a la iglesia que se sienta a sus pies, recibiendo su amor y sabiduría (Lucas 10:38-42). Este acto de devoción representa un anhelo por aprender y crecer espiritualmente. María es el remanente fiel que prioriza el conocimiento de la Palabra y la intimidad con Cristo, buscando siempre su dirección y propósito.
- ✓ **Marta**, por otro lado, es la que se preocupa por las tareas del hogar, asegurándose de que todo esté en orden para los invitados. Aunque reconoció a Jesús como el Mesías (Juan 11:20-27), su enfoque en lo material y lo externo puede distraerla del verdadero propósito de su relación con Él. Marta simboliza a la iglesia que, aunque tiene conocimiento de Dios, se ve atrapada en las preocupaciones mundanas y en el activismo, olvidando su primer amor (Apocalipsis 2:4). Esta iglesia, centrada en los asuntos externos y en la cantidad, corre el riesgo de perder de vista lo esencial: la conexión espiritual con el Maestro.

La Unción de la Samaritana

La mujer samaritana, que acudió a su rutina diaria en busca de agua, tuvo un encuentro transformador con Jesús junto al pozo de Jacob. Él le ofreció la "agua viva", una fuente de satisfacción que cambiaría su vida para siempre (Juan 4:3-30).

Este encuentro simboliza la iglesia gentil que, aunque inicialmente no tenía acceso a las promesas de Dios, encuentra en Jesús la salvación y la verdadera satisfacción.

Esta mujer rompe las barreras raciales y sociales, mostrando que la gracia de Dios es para todos. Al recibir la enseñanza de Jesús, se convierte en un ejemplo de cómo la iglesia debe ir y compartir el mensaje del evangelio, haciendo discípulos y entrenando a otros en la batalla espiritual.

La samaritana representa a la iglesia que encuentra su libertad emocional y espiritual en la Palabra de Dios. Su historia nos recuerda que, independientemente de nuestras circunstancias, el encuentro con Jesús puede transformar nuestras vidas y guiarnos hacia la verdadera satisfacción. Al igual que ella, estamos llamados a llevar el mensaje de esperanza y salvación a aquellos que aún no lo conocen.

La Unción de María Magdalena

María Magdalena ocupa un lugar especial entre las mujeres discípulas de Jesús, dedicándose por completo a su enseñanza y amor. Su acto de derramar el costoso perfume sobre los pies de Jesús es un símbolo de entrega total y agradecimiento (Marcos 14:3). Esta muestra de devoción confirma el llamado de Jesús antes de su crucifixión y resalta la profundidad de su amor y compromiso.

Ella fue la primera persona a la que Jesús se apareció tras su resurrección (Marcos 16:9), lo que subraya su importancia en la narrativa del evangelio. María Magdalena representa el amor genuino que cada creyente debe tener hacia Jesucristo, reconociendo el inmenso perdón y la restauración que Él ofrece. Su cercanía al maestro y su vigilancia durante su crucifixión y resurrección son testimonio de su fe y dedicación.

Esta mujer también simboliza a la iglesia que, en su misión de predicar el evangelio, enfrenta violencia, rechazo y sacrificio. Es la iglesia dispuesta a pagar un alto precio por llevar el mensaje de paz y salvación, enfrentando sin temor los desafíos que surgen en el camino (Romanos 8:18). Así, María Magdalena se convierte en un modelo de valentía y compromiso, un ejemplo para todos aquellos que siguen las huellas de Cristo y que, como ella, serán levantados en el rapto por haber perseverado en su fe (1 Tesalonicenses 4:16).

La Unción de Lidia

Lidia, la primera mujer europea en convertirse al cristianismo, fue una vendedora de telas en Filipo, un puerto griego. Su historia se narra en Hechos 16:14-15, donde se describe cómo escuchó el mensaje de Pablo y, con un corazón abierto, recibió la luz del evangelio. Su conversión no solo transformó su vida, sino que también impactó a su familia, quien también se unió a la fe.

Lidia representa a un pueblo que, a pesar de su paganismo y falta de conocimiento previo de Cristo, es receptivo a la verdad. Su influencia y habilidades empresariales la convierten en un pilar de apoyo para los misioneros, sirviendo de hospedadora y facilitadora del trabajo de Dios. Su generosidad y disposición para servir destacan el papel crucial que las mujeres pueden desempeñar en el avance del evangelio.

A través de su ejemplo, aprendemos que Dios siempre proporciona los recursos necesarios para sostener a sus siervos en la misión. Lidia es un recordatorio de que cada uno, sin importar su trasfondo, puede ser parte del plan divino de salvación, apoyando la obra de Dios y extendiendo el mensaje de fe a otros. Su legado nos inspira a ser generosos y a estar dispuestos a servir, contribuyendo al crecimiento del reino de Dios en el mundo.

La Unción de Loida y Eunice

Loida y Eunice, la abuela y la madre de Timoteo, son ejemplos notables de fe y dedicación en la enseñanza de la

Palabra de Dios. En 2 Timoteo 1:5, Pablo destaca la fe sincera que habitaba en ellas y que se había transmitido a Timoteo desde su infancia. Su compromiso con la educación espiritual de Timoteo no solo lo preparó para convertirse en un líder en la iglesia primitiva, sino que también ilustra la importancia de las generaciones en la transmisión de la fe. Estas mujeres representan a la iglesia que asume la responsabilidad de enseñar y guiar a las familias en el conocimiento de la Palabra viva y eficaz. Su labor es fundamental para romper cadenas de maldición hereditaria, al criar a sus hijos y nietos en un ambiente de fe y amor. Así, Loida simboliza a los creyentes del Antiguo Testamento, mientras que Eunice representa a la iglesia de Cristo, ambas comprometidas a sembrar la fe en las nuevas generaciones.

A través de su ejemplo, aprendemos que la verdadera fe se nutre en el hogar y se pasa de generación en generación. Su legado nos llama a ser diligentes en la enseñanza de la Palabra de Dios, preparando a las futuras generaciones para enfrentar los desafíos del mundo y permanecer firmes en su fe. Esta unción de Loida y Eunice es un recordatorio del poder de una familia comprometida con Dios y de la influencia positiva que puede tener en la vida de los demás.

La Unción de la Autora

La unción de la autora representa el llamado y la responsabilidad de comunicar la verdad de Dios a través de la palabra escrita. En un mundo lleno de ruido y confusión, la autora se convierte en un canal de esperanza, fe y reflexión. Su escritura es una extensión de su vida espiritual y un testimonio de la obra de Dios en su corazón.

Esta unción implica una profunda conexión con el Espíritu Santo, quien guía cada palabra y pensamiento, asegurando que el mensaje sea claro y transformador. La autora no solo escribe para informar, sino para edificar y llevar a los lectores a una experiencia más profunda con Dios.

La unción de la autora también refleja el compromiso de ser una voz profética en tiempos de necesidad, de desafiar a los creyentes a crecer en su fe y a vivir de acuerdo con las enseñanzas de Cristo. Al igual que las mujeres de la Biblia que han dejado una huella perdurable, la autora busca impactar vidas y comunidades, recordando a todos que la palabra de Dios tiene el poder de cambiar corazones y transformar realidades.

En este sentido, la unción de la autora es un llamado a la acción, a ser valientes en la proclamación del evangelio y a utilizar el regalo de la escritura como un medio para glorificar a Dios y servir a los demás.

La Unción Te Hace una Mujer Única

La unción es un don especial que transforma y empodera a cada mujer para cumplir con su propósito divino. Esta unción no solo otorga habilidades y talentos, sino que también infunde una identidad única y valiosa en Cristo. Aquí hay algunas maneras en las que la unción te hace una mujer única:

- **Identidad en Cristo:** *La unción te recuerda que eres una hija amada de Dios. Tu valor no se basa en lo que haces, sino en quién eres en Él (1 Juan 3:1).*
- **Propósito Especial:** *La unción te capacita para cumplir el propósito que Dios ha diseñado específicamente para ti. Cada experiencia, talento y pasión se unen para glorificar a Su nombre (Jeremías 29:11).*
- **Voz Profética:** *A través de la unción, puedes ser una voz de verdad y esperanza en un mundo que necesita escuchar el amor de Dios. Tu testimonio puede inspirar y transformar a otros (Romanos 10:14).*
- **Fortaleza en la Adversidad:** *La unción te da la fuerza para enfrentar desafíos y adversidades. Te recuerda que no estás sola y que Dios está contigo en cada paso (Isaías 41:10).*

- ***Fruto del Espíritu:*** *La unción fomenta el desarrollo de los frutos del Espíritu en tu vida, como el amor, la paz, la paciencia y la bondad, reflejando el carácter de Cristo (Gálatas 5:22-23).*
- ***Conexiones Auténticas:*** *La unción te lleva a formar relaciones genuinas y significativas con otras mujeres de fe, creando una comunidad de apoyo y amor (Hebreos 10:24-25).*

La Unción destaca tu potencial como Mujer Única

La unción que Dios ha depositado en ti no solo resalta tus habilidades, sino que también revela la persona que has sido llamada a ser. Cada mujer tiene un propósito divino que la distingue y le otorga valor. Aquí hay algunas reflexiones sobre tu singularidad y misión:

1. **Abrazar Tu Singularidad:** Dios te creó con un propósito específico. Tu individualidad es un regalo que te permite contribuir de manera única al mundo. "Porque somos hechura suya, creados en Cristo Jesús para buenas obras" (Efesios 2:10).
2. **Confianza en Tu Llamado:** La unción te empodera a caminar con confianza en la misión que Él ha puesto en tu corazón. Esa pasión que sientes es una señal de que estás en el camino correcto. "El corazón del hombre traza su rumbo, pero el Señor establece sus pasos" (Proverbios 16:9).
3. **Impacto en los Demás:** Tu misión no solo te beneficia a ti, sino que también tiene un efecto transformador en la vida de quienes te rodean. Al servir y compartir tu luz, contribuyes al avance del Reino de Dios. "Deja brillar tu luz delante de los hombres" (Mateo 5:16).
4. **Preparación y Envío:** Has sido preparada y enviada para un propósito. Cada experiencia, cada desafío, ha sido parte de tu formación. Dios te está utilizando para cumplir Su plan en el mundo. "Y les dijo: Id por todo el mundo y predicad el evangelio a toda criatura" (Marcos 16:15).

5. **Satisfacción en el Servicio:** La verdadera satisfacción proviene de vivir tu misión. Cuando actúas de acuerdo con lo que Dios ha puesto en ti, encuentras plenitud y alegría. "Porque el gozo del Señor es nuestra fuerza" (Nehemías 8:10).

¿Cuál es tu unción?

_____
_____
_____
_____
_____
_____
_____

Tu Unción como mujer única

Recuerda, tu unción te hace única y valiosa en el reino de Dios. Camina con seguridad y propósito, sabiendo que cada paso que das está alineado con Su plan perfecto para ti. ¡Tu vida es un testimonio del amor y la gracia de Dios en acción! Tu unción debe estar alineada a lo divino, como un sello que refleja la gloria de Su presencia en cada aspecto de tu vida. Permite que Su luz brille a través de ti, guiándote en cada decisión y revelando tu verdadero propósito. Así, serás una fuente de inspiración y bendición para quienes te rodean.

Tu unción carga estas características:
- ✓ **Un Llamado a la Fe y la Acción:** Tu unción puede manifestarse de muchas maneras, reflejando la diversidad de dones y llamados que Dios ha puesto en su pueblo. Aquí hay algunas inspiraciones sobre cómo tu unción puede ser un reflejo de las mujeres bíblicas:

- ✓ **La Unción de Rahab:** Tu unción quizás es como Rahab, quizás tengas la capacidad de discernir los juicios de Dios sobre la tierra. Ella, a pesar de no temer a Dios inicialmente, escuchó y creyó en Su Palabra. Su fe la condujo a actuar con valentía, salvando no solo su vida, sino también la de su familia (Josué 2:11; Romanos 10:17). Tu discernimiento puede guiarte a tomar decisiones que cambien el rumbo de tu vida y la de quienes te rodean.
- ✓ **La Unción como la de Ana:** Tal vez tu unción se asemeje a la de Ana, quien, con su ferviente oración y clamor, pudo mover el corazón de Dios para cambiar su situación y la de su pueblo. Ana nos enseña que, a pesar de las dificultades, nuestra posición de guerrera en la oración puede traer transformaciones poderosas. Ella perseveró ante la adversidad, demostrando que la ayuda de Dios es suficiente para sobrellevar cualquier carga.
- ✓ **La Unción de María, hermana de Marta**: Tu unción puede reflejar el deseo de estar a los pies de Jesús, buscando en Él tu mayor satisfacción. María eligió lo mejor, absorbiendo las enseñanzas del Maestro. Esta dedicación nos recuerda que, en medio de las distracciones de la vida, lo más importante es cultivar nuestra relación con Dios.
- ✓ **La Unción de María, madre de Jesús:** También puedes encontrar inspiración en María, quien mantuvo su pureza y fe a pesar de las circunstancias difíciles. Su disposición a ser el canal a través del cual nació el Salvador del mundo muestra la importancia de permanecer firme y obediente a la voluntad de Dios. Su ejemplo nos anima a vivir de manera santa y entregada, permitiendo que el Espíritu Santo actúe en nuestras vidas.

Reflexiona y Actúa bajo la unción (tu misión)

Cada una de estas mujeres nos enseña que la unción que Dios te ha dado es única y poderosa. Te llama a:

✓ **Escuchar y obedecer:** Al igual que Rahab, mantén tu corazón atento a la voz de Dios.
✓ **Perseverar en la oración:** Como Ana, no te rindas ante los obstáculos.
✓ **Cultivar tu relación con Cristo:** Sigue el ejemplo de María y busca Su presencia.
✓ **Vivir con pureza y fe:** Es un llamado a imitar a María, la madre de Jesús, quien se mantuvo firme en sus convicciones y concibió en su corazón al Hijo de Dios, presentándolo al mundo como Salvador. Su ejemplo nos inspira a arraigarnos en la fe, permitiendo que el amor y la verdad de Cristo transformen nuestras vidas. Al vivir con integridad y reflejar Su luz, nos convertimos en portadores del mensaje de esperanza y redención, mostrando al mundo la importancia de una vida nueva dedicada a Dios. Así, al igual que María, podemos impactar a quienes nos rodean, llevando el mensaje de salvación con valentía y amor.

Lo que Todas Estas Mujeres Tienen en Común

Las mujeres mencionadas, desde Rahab hasta María Magdalena, comparten varias características fundamentales que reflejan la esencia de la fe cristiana:

1. ***Fe Sólida: Cada*** *una de ellas mostró una fe inquebrantable en Dios, confiando en Su promesa y Su palabra. Su fe no solo les permitió enfrentar adversidades, sino que también se convirtió en el medio a través del cual Dios actuó en sus vidas.*

2. ***Fundamento en la Palabra:*** *Estas mujeres se apoyaron en las verdades de Dios. Su conocimiento y aplicación de la Palabra fueron cruciales para sus decisiones y acciones. Esto subraya la importancia de conocer y vivir según las Escrituras (Salmo 119:105).*

3. ***Dedicación y Servicio:*** *Todas ellas demostraron una profunda dedicación a Dios y a su misión. Ya sea a través de la oración, el servicio o la enseñanza, cada una dejó una huella significativa en su comunidad y en la historia de la fe.*

4. **Corazón Humilde y Confiado:** *Su actitud de humildad y confianza en Dios les permitió reconocer su dependencia de Él. Este espíritu contrito es esencial para recibir Su gracia y ser usadas en Su obra (Salmo 51:17).*
5. **Compromiso con el Reino de Dios:** *Estas mujeres lucharon para que el reino de Dios se estableciera en la tierra. A través de su testimonio, se convirtieron en portadoras de la esperanza y la luz de Cristo, alcanzando a quienes estaban lejos (Mateo 5:14-16).*
6. **Testimonio Poderoso:** *Su vida y acciones sirvieron como testimonio de la fidelidad de Dios. No se dejaron intimidar por barreras, obstáculos ni limitaciones, y su testimonio alcanzó lugares recónditos, tocando vidas a lo largo de la historia.*
7. **Pureza y Separación del Pecado:** *A pesar de vivir en un mundo lleno de tentaciones y pecado, mantuvieron su fe en alto y se guardaron de la contaminación del mundo (Gálatas 3:26-28). Su ejemplo nos inspira a permanecer firmes en nuestra fe y en nuestra identidad como hijos de Dios.*

Un Llamado a la Iglesia Actual bajo la Unción

Estas mujeres son un reflejo de lo que la iglesia debe ser: un cuerpo unido en fe, dedicación y amor por Dios. Su legado nos desafía a vivir con la misma pasión y compromiso, recordándonos que, al igual que ellas, somos parte de un plan divino que trasciende el tiempo. Hemos sido escogidas, preparadas, enviadas y respaldadas bajo un mandato sagrado. En un mundo que anhela desesperadamente esperanza y luz, nuestra fe y testimonio deben brillar como un faro, guiando a otros hacia Cristo. Recuerda que tu unción te capacita para ser un agente de cambio, tanto en tu vida como en la de quienes te rodean. ¡Abraza tu llamado y permite que Dios te use poderosamente!

Somos enviadas a sanar y a liberar almas atadas

Nos envía a sanar y liberar almas atadas, a ser instrumentos de Su amor y poder en un mundo quebrantado. Cada uno de nosotros tiene la responsabilidad de llevar la esperanza y la sanidad a quienes sufren, reflejando la luz de Cristo en medio de la oscuridad. Como dice Isaías

61:1-3, "El Espíritu del Señor Dios está sobre mí; porque me ungió Jehová, me ha enviado a predicar buenas nuevas a los abatidos; a vendar a los quebrantados de corazón". Al hacerlo, estamos cumpliendo con nuestro llamado y participando en la misión divina de transformar vidas. ¡Levanta tu voz y actúa con valentía, porque Dios te ha elegido para este propósito! Estamos llamados a hacer cosas mayores que las que Él hizo (Juan 14:12), reflejando Su poder y amor en nuestras acciones. Jesús nos dio la autoridad para llevar a cabo Su obra en la tierra, sanando a los enfermos (Mateo 10:8), restaurando corazones (Salmo 147:3) y proclamando la verdad del evangelio (Marcos 16:15). Al vivir en fe y obediencia, podemos ser agentes de cambio, impactando nuestras comunidades y el mundo. Cada uno de nosotros tiene el potencial de manifestar el Reino de Dios a través de nuestras vidas, haciendo grandes obras que glorifiquen Su nombre (Mateo 5:16). ¡Abracemos este llamado y dejemos que Su Espíritu nos guíe en cada paso!

Capítulo IVX
LA MISIÓN DE LA MUJER

La mujer única es aquella que, como parte de la iglesia de Cristo, reconoce que su verdadera satisfacción no proviene de las circunstancias externas, sino de su identidad en Dios. Al buscar respuestas en la intimidad de su recámara secreta, lejos de las distracciones del mundo, se afianza en la verdad de las Escrituras, recordando que "en todo tiempo ama el amigo, y es como un hermano en tiempo de angustia" (Proverbios 17:17). Enfrentando sus aflicciones con valor, transforma su dolor en un clamor que asciende a la presencia de Dios, quien la fortalece y la guía. Su dependencia total de Él la libera de la inconstancia de los hombres y la acerca a la madurez espiritual, tal como se nos recuerda en Salmo 37:5: "Encomienda a Jehová tu camino, y confía en él; y él hará." Confiando en que, como Ana, sus lágrimas y súplicas serán escuchadas, ella puede esperar en el Señor, sabiendo que cada sacrificio tiene su recompensa.

Mientras Estés Preocupada por Sus Asuntos

Mientras estés preocupada por Sus asuntos, recuerda que Dios está atento a cada detalle de tu vida. Recuerda que, aunque tengas muchas cosas en tu mente, Dios está en control. Su amor y cuidado por ti son más grandes que cualquier preocupación que puedas enfrentar. Su invitación es a descansar en Su presencia y confiar en Su plan. Aquí hay algunas reflexiones para ayudarte a centrarte en lo que realmente importa:

1. **Dios se Preocupa por Ti**: *En medio de tus preocupaciones, recuerda que Dios te conoce y se preocupa profundamente por ti. "Echad toda vuestra ansiedad sobre él, porque él tiene cuidado de vosotros" (1 Pedro 5:7).*
2. **Prioriza lo Espiritual:** *A menudo, las preocupaciones cotidianas pueden distraerte de lo esencial. Jesús nos invita a buscar primero el*

reino de Dios y su justicia *(Mateo 6:33)*, prometiendo que todo lo demás se añadirá.
3. **Confianza en Su Provisión:** Cuando las preocupaciones te abruman, confía en que Dios proveerá lo que necesitas. *"No os aflijáis por el mañana, porque el mañana traerá su aflicción" (Mateo 6:34).*
4. **Paz en la Oración:** La oración es una poderosa herramienta para liberar tus cargas. *"Por nada estéis afanosos, sino sean conocidas vuestras peticiones delante de Dios en toda oración y ruego" (Filipenses 4:6-7). La paz de Dios guardará tu corazón y mente.*
5. **Enfoque en el Presente:** A menudo, la ansiedad proviene de preocupaciones sobre el futuro. Recuerda que hoy es un regalo y enfócate en el presente. *"Este es el día que hizo el Señor; nos gozaremos y alegraremos en él" (Salmo 118:24).*
6. **Busca Sabiduría:** Si te sientes abrumada, busca la sabiduría de Dios. *"Si alguno de vosotros tiene falta de sabiduría, pídala a Dios, el cual da a todos abundantemente y sin reproche" (Santiago 1:5).*

Cuando deje tu propio esfuerzo

Cuando dejes de depender de tu propio esfuerzo y reconozcas que Dios es el único capaz de cambiar el corazón humano, experimentarás una profunda transformación. Recuerda que "Jehová es el que da la sabiduría; de su boca vienen el conocimiento y la inteligencia" (Proverbios 2:6). Tu misión es compartir el mensaje y hacer discípulos, pero el cambio verdadero es obra de Dios. Cuando esperas demasiado del exterior, solo encontrarás decepción y ansiedad. En lugar de buscar la validación en otros, empieza a amarte a ti misma; dedica tiempo para cuidar de tu bienestar emocional y físico. La vida no tiene que ser un peso que lleves sola; delega responsabilidades y aprende a soltar lo que no puedes controlar. Así, al abrirte a la obra de Dios en tu vida, encontrarás la paz y la satisfacción que tanto anhelas.

Dios quiere darle reposo a tu corazón

Cuando tu pareja esté frustrada y grite, no te sumerjas en su enojo. Permítele desahogarse, pero establece límites para no convertirte en un recipiente de sus descontentos. "El corazón del sabio sabe discernir el tiempo y el juicio" (Eclesiastés 8:5). Escucha con empatía, pero recuerda que cada uno enfrenta sus propias batallas. No te lleves las cargas ajenas; muchas veces, la paz se pierde al intentar cargar lo que no te pertenece. Enfócate en el presente y deja que Dios maneje lo que parece imposible. Si intentas sacar agua de un coco seco, solo encontrarás frustración. Usa tu entendimiento o pídele a Dios sabiduría para navegar las situaciones difíciles. Recuerda que, en todo, es Él quien trae la verdadera solución.

Debes saber cuál es tu lucha

Para enfrentar tus batallas, es crucial identificar si la lucha es física, emocional o espiritual, ya que cada una requiere estrategias y armas distintas. Reconoce las estaciones de tu alma, que pueden confundirse con la depresión o la ansiedad, y prepárate adecuadamente para cada una. Al igual que Débora, asume el papel de madre y guerrera, estableciendo límites y buscando tu seguridad en la Palabra. Si los demás no cambian, sé tú quien dé el paso. Muchas mujeres deben liderar en sus hogares y trabajos; no temas ser esa figura fuerte. Enfréntate a los prejuicios y dudas ajenas, enfocándote en las riquezas que Dios ha depositado en ti. Recuerda que Jesús vino a liberar a las mujeres, dándoles el valor y la libertad que merecen. ¡Sé un emisor del bien y actúa con valentía!

El llamado de esta humanidad

El llamado de esta humanidad es urgente y necesario en tiempos decisivos. Vivimos momentos en los que las profecías se cumplen con una precisión asombrosa, y el ambiente mismo parece advertirnos de que algo grande se avecina. Al igual que la mujer que vamos a presentar, hay una humanidad que necesita escapar por su vida, consciente de los peligros que la rodean. Ella simboliza a aquellos que, al ver los tiempos difíciles, reconocen que la muerte y la destrucción amenazan nuestro mundo. Es un llamado a buscar refugio y salvación, a prepararnos y a actuar con fe en medio de la adversidad.

No importa tu condición, hay esperanza
Hoy, muchas mujeres se encuentran atrapadas en situaciones desesperadas, anhelando una vida mejor para sus familias. Dios observa su nobleza y extiende un lazo de misericordia para alcanzarlas y salvarlas, como sucedió con Rahab, quien, a través de su valentía e ingenio, logró escapar con su familia del inminente juicio que caería sobre su ciudad. Esta mujer representa a una humanidad consciente de los peligros que enfrenta, dispuesta a reconocer los tiempos difíciles y buscar la salvación. A pesar de su pasado, su temor a Dios la impulsó a actuar con sabiduría y coraje, mostrando que, independientemente de su nombre o estatus, las acciones valientes y decididas son las que realmente cuentan ante los ojos de Dios.

Romanos 12:2: "No os conforméis a este siglo, ...

Capítulo XV

LA MUJER ÚNICA ES REALMENTE LIBRE Y PODEROSA

Veamos a algunas mujeres que, gracias a su destreza y valentía, han marcado la historia e inspirado a otras. Cuando una mujer libera sus emociones, se transforma en una fuerza poderosa; un quebranto puede convertirse en su motor para volar alto. Al igual que una mariposa que pasa de ser un gusano a un ser alado, las mujeres pueden aceptar el cambio y la transformación que Dios les ofrece. La verdadera libertad no radica en la "liberación femenina", sino en dominar nuestras emociones y reconocer nuestros valores personales. A pesar de las limitaciones de su época, muchas mujeres se mantuvieron firmes en su verdad e identidad, logrando grandes cosas al seguir su convicción.

Mujeres sobresalientes

Mujeres que han dejado una huella indeleble en la historia y nos inspiran a descubrir el gran potencial que reside en nosotras. Ellas fueron el motor que impulsó la rueda de la creación, y nosotras, en este tiempo, somos las que también contribuiremos a que este planeta siga girando. Fueron científicas, artistas, líderes y visionarias, cada una con un papel crucial en la transformación de su época. Su legado nos recuerda que, con valentía y determinación, podemos alcanzar grandes logros y marcar la diferencia en el mundo. Veamos:

Mujeres Sobresalientes en la Historia:

Estas mujeres no solo marcaron la historia, sino que también nos inspiran a seguir sus pasos y a contribuir al mundo con valentía y determinación. Ver algunas de ellas:

1. **Benazir Bhutto:** Primera mujer primer ministro de un país musulmán, lideró Pakistán en dos ocasiones (1988-90 y 1993-96).
2. **Cleopatra VII:** Reina de Egipto, heredera del trono y figura clave en la historia antigua (69-30 a.C.).
3. **Juana de Arco:** Heroína francesa y líder militar que defendió a su país, canonizada por el papa Benedicto XV en 1920.
4. **María Curie:** Pionera en el estudio de la radiactividad, primera persona en recibir dos premios Nobel.
5. **Dolores Ibárruri:** Activista política española, famosa por su lema "¡No pasarán!" durante la Guerra Civil.
6. **Eva Perón:** Influente figura en Argentina trabajó por los derechos sociales de los trabajadores y los sectores marginados.
7. **Indira Gandhi:** Primera mujer primer ministro de India, reconocida por su liderazgo en un país con gran diversidad cultural.
8. **Eleanor Roosevelt:** Activista por los derechos humanos y una de las primeras damas más influyentes de EE. UU.
9. **Patricia Campos Doménech:** Primera mujer piloto de las Fuerzas Armadas españolas y entrenadora de fútbol.
10. **Asnaini Mirzan:** Líder comunitaria en Aceh, Indonesia, que rompió barreras en la política local.
11. **Cristina Amaral:** Primera mujer piloto de Timor-Leste, luchadora por su sueño en un entorno dominado por hombres.
12. **Cristiana Thorpe:** Primera mujer presidenta de la Comisión Electoral en Guinea.
13. **Zahra Abdelnaieem:** Directora de Niswa, trabajó en la paz y reconciliación en comunidades afectadas por conflictos.
14. **Dra. Habiba Sarabi:** Primera mujer gobernadora en Afganistán, enfocada en la educación de las mujeres.

15. **Dra. Erna Takazawa:** Primera optometrista de Samoa, galardonada por su labor en salud ocular.
16. **Dra. Josephine Namboze:** Primera mujer médica de África Oriental y Central, pionera en salud pública.
17. **Şafak Pavey:** Defensora de los derechos de personas con discapacidad, superando su propia adversidad.
18. **Asel Sartbaeva:** Reconocida científica de Asia Central, pionera en su campo.
19. **Karla Wheelock:** Primera mujer latinoamericana en escalar las siete cumbres del mundo, incluyendo el Monte Everest.
20. **General Kristin Lund:** Primera mujer en comandar una operación de paz de la ONU.
21. **Malala Yousafzai:** Activista por la educación de las niñas, ha luchado valientemente por el derecho a la educación en Pakistán y ha inspirado a jóvenes en todo el mundo.
22. **Wangari Maathai:** Activista ambiental y ganadora del Premio Nobel de la Paz, fundó el Movimiento Cinturón Verde en Kenia, promoviendo la reforestación y los derechos de las mujeres.
23. **Madre Teresa de Calcuta:** Fundadora de las Misioneras de la Caridad, dedicó su vida a servir a los más pobres y marginados.
24. **Florence Nightingale:** Conocida como la fundadora de la enfermería moderna, su trabajo durante la Guerra de Crimea transformó la atención médica.
25. **Rosa Parks:** Su valentía al negarse a ceder su asiento en un autobús segregado marcó un hito en el movimiento por los derechos civiles en Estados Unidos.

Mujeres Valientes del Presente

En el presente, hay mujeres valientes que han profesado su fe en Cristo y son un testimonio vivo de Su gracia. Estas mujeres enfrentan desafíos con determinación y compasión, llevando esperanza y luz a su entorno. Algunas de ellas son:

1. **Christine Caine:** Fundadora de A21, una organización dedicada a la lucha contra la trata de personas y la esclavitud moderna.
2. **Beth Moore:** Escritora y conferencista cristiana que ha inspirado a miles a profundizar en su relación con Dios a través de sus estudios bíblicos.
3. **Nicky Cruz:** Activista y evangelista que, tras una vida de delincuencia, ahora lleva un mensaje de transformación y redención a jóvenes en riesgo.
4. **Priscilla Shirer:** Autora y conferencista, conocida por su enfoque en el empoderamiento femenino a través de la fe y la oración.
5. **Joyce Meyer:** Líder en la enseñanza bíblica, ha impactado vidas con sus mensajes sobre la superación personal y la fe práctica.
6. **Dr. Cindy Jacobs:** Reconocida mundialmente como profeta a las naciones, es presidenta y co-fundadora de Generales Internacionales, una organización misionera dedicada a la reforma y transformación social.
7. **Ana Méndez Ferrell:** Fundadora de varias iglesias en la Ciudad de México, actualmente supervisa 18 iglesias y numerosos ministerios en todo el mundo.
8. **Grisel J. Pitre:** Su mensaje resuena con el poder de la autoidentidad y la sanación del alma, invitando a las mujeres a discernir y liberar su verdadero potencial.
9. **Tú:** _____: _____Aquí puedes completar con tu nombre y una breve descripción de tus logros o aspiraciones, reconociendo tu papel en la transformación e impacto positivo para los tuyos y el mundo.

Dejas tus huellas

Estas mujeres han dejado una huella significativa en sus comunidades, inspirando a otras a seguir su camino de fe y liderazgo. Pero te pregunto: ¿quieres estar en una lista de mayor valor que esta, donde las mujeres de fe son reconocidas? En el libro de la vida, tu nombre está escrito en una piedrecita blanca (Apocalipsis 2:17) que nadie podrá ignorar. Lo que realmente importa es ganar un nombre en el reino de Dios. No luches solo por reconocimiento social; tu verdadero valor debe alcanzar a tu familia y liberarla del mal. Mantente enfocada en lo eterno y une tu corazón al de Dios, quien nunca ha perdido una batalla. Aunque enfrentes dificultades, tu enfoque en los verdaderos valores te asegurará un lugar en el reino. Recuerda que cada uno dará cuentas a Dios, así que cumple con tu responsabilidad y escucha las instrucciones de Jesús para escapar del juicio venidero.

Tú, mujer (iglesia)

Levántate y toma tu lugar, reclama tu hogar (tu Edén) y aduéñate de tu monte (tu cabeza) para ganar la guerra que ataca tus emociones y busca debilitarte. Cambia tu manera de pensar y verás transformados tus sentimientos y acciones; el cambio está en tus manos. Una mujer que habla con autoridad tiene el poder de educar y guiar a los hombres desde su vientre, como lo hizo la madre de Thomas Edison, quien vio en su hijo un gran potencial, a pesar de las limitaciones que otros le impusieron. Ella eligió instruirlo en casa y, gracias a su fe, hoy disfrutamos de la luz eléctrica. Como madres, debemos declarar palabras de vida sobre nuestros hijos y cancelar toda maldición que les afecte. ¡Levanta tu voz y calla toda negativa contra ti y tu familia!

Jezabel, la gran ramera, tendrá un final triste

Según Apocalipsis 2:20, la mujer perversa simboliza la religión que ha engañado al mundo y ha llevado a la humanidad a desviarse del camino correcto, enfrentándose a un final de muerte y destrucción. "La gran ramera" representa la confusión y el daño a las mentes a través de falsas doctrinas, como la reina Jezabel, que seducía a las naciones con astucia y ambición. La Palabra de Dios instruye que esta mujer (doctrina) guarde silencio en las congregaciones de los santos. Cualquier doctrina que aparenta piedad, pero que en realidad lleva al error, inevitablemente tendrá un desenlace lamentable. Por ello, no permitamos que se instale en nuestros templos, pues solo busca su conveniencia.

Detrás de cada doctrina engañosa está Satanás, quien desde el principio sedujo a una tercera parte de los ángeles, luego a la humanidad, y hoy sigue engañando a través de falsas religiones. En estos últimos días, debido a la maldad y la falsa religión, el mundo niega la fe y la venida de Dios. Han surgido muchos falsos profetas que, con astucia, niegan la verdad (1 Juan 2:22).

Tus palabras tienen pode

Como iglesia, estás llamada a profetizar lo que sucederá en el mundo. Jesús te ha otorgado el poder de hollar serpientes y escorpiones, y nada de lo que el diablo intente contra ti podrá tener efecto. No temas. Las palabras que pronuncias tienen el poder de dar vida o muerte. Lo que declares con tu boca será lo que recibirás: si eliges bendición, eso te será dado; si optas por la maldición, así será.

Tus palabras pueden herir como espada o ser como perfume que brinda fragancia. Lo que dices puede definir tu realidad. Si piensas negativamente, eso mismo cosecharás. Hoy es el momento de transformar tu forma de pensar y tu vocabulario.

¡Declara lo que deseas para ti y tu familia! Tienes autoridad; usa el poder del nombre de Jesús. Presta tu mente a Dios y permite que Su unción te llene; no será en vano. Hay una promesa para quienes sirven a Dios. Evita las palabras negativas; crea y profetiza, y verás la manifestación de Su poder (Proverbios 6:2; 18:21; Mateo 8:13). ¡Profetiza que esos huesos vivirán!

Mujeres que sobrepasa a las piedras preciosas
Estos versículos resaltan la dignidad, el valor y el propósito divino de las mujeres, recordándonos que su contribución es invaluable. Aquí tienes algunos textos bíblicos que resaltan el **valor y la importancia de las mujeres:**
1. **Proverbios 31:10:** "¿Quién puede hallar una mujer virtuosa? Porque su precio sobrepasa el de las piedras preciosas."
2. **Gálatas 3:28:** "Ya no hay judío ni griego; no hay esclavo ni libre; no hay varón ni mujer; porque todos vosotros sois uno en Cristo Jesús."
3. **1 Pedro 3:3-4:** "Y no sea vuestra belleza la externa, de peinados ostentosos, de adornos de oro, o de vestidos lujosos, sino el hombre interno del corazón, en el incorruptible ornato de un espíritu afable y apacible, que es de gran valor delante de Dios."
4. **Proverbios 31:25:** "Fuerza y honor son su vestidura; y se ríe de lo por venir."
5. **Salmo 139:14:** "Te alabaré, porque formidables, maravillosas son tus obras; estoy maravillado, y mi alma lo sabe muy bien."

Conclusión

Lo que has compartido enfatiza la importancia de la sumisión a la voz de Dios y la voluntad divina. Resalta que el verdadero valor de una mujer radica en su fidelidad a la Palabra de Dios y su conexión con el Espíritu Santo. La figura de la "gran ramera" simboliza la corrupción y la desviación de la verdad, advirtiendo sobre las consecuencias del alejamiento del camino recto.

El mensaje de "Mujer, eres única" celebra la singularidad y fortaleza de cada mujer, reconociendo su propósito divino y su capacidad de impactar positivamente a su entorno. Invita a las mujeres a abrazar su identidad, a ser valientes en el uso de su voz y a vivir con confianza, recordando que su verdadero valor proviene de su relación con Dios.

Al cultivar su fe y empoderarse, pueden convertirse en líderes y agentes de cambio en sus comunidades. El llamado es claro: cada mujer es esencial en el plan de Dios. Al cuidar y criar a sus hijos con amor, están invirtiendo en su futuro y asegurando que el bien florezca en sus vidas. Así, al fortalecer a las mujeres, se fortalece a toda la familia y, en última instancia, a la comunidad. ¡El impacto de cada mujer es profundo y duradero!

Recuerda que la intención del enemigo es atacar tu seguridad emocional, ya que, al hacerlo, puede afectar a todo tu hogar. No te dejes engañar; fortalece tus emociones con pensamientos y actitudes positivas. ¡Tú puedes! ¡No te rindas! Mantén la fe y el enfoque en lo que realmente importa. Tu fortaleza no solo transforma tu vida, sino también la de aquellos que te rodean. ¡Avanza con confianza y determinación!

La mujer única representa a la iglesia de Cristo, hallando su valor en la revelación del Espíritu Santo. En esta conexión divina, la presencia de Dios se manifiesta, permitiendo una intimidad profunda con Él. Cada mujer es incomparable ante su Creador.

Es esencial que cada mujer reconozca la imagen y semejanza de Dios en sí misma, resplandeciendo como una estrella y participando en la procreación de nuevas vidas. El enemigo intentará despojarte de tu valor, pero es fundamental que reivindiques tu posición como reina ante Jesucristo, el Rey de reyes y Señor de señores.

La vida es como un rompecabezas en el que cada uno debe armar su propio cuadro, buscando y encontrando las piezas necesarias. Muchas de esas piezas se esparcieron por el mundo desde la separación de las familias en la torre de Babel. Tal vez tus piezas estén en lugares inesperados, o quizás las hayas encontrado en relaciones que nunca imaginaste. Cada experiencia, cada encuentro, puede ser clave para completar tu imagen personal y descubrir el propósito que Dios tiene para ti.

REFERENCIA

- Reina-Valera 1960 (RVR1960)
- https://en.wiktionary.org
- http://es.thefreedictionary.com
- Mujeres sobresalientes (pg. 135 al 139: Toda esta información del capítulo previo se encuentra en: http://beijing20.unwomen.org/es/voices-and-profiles/women-of- achievement #sthash.XQYJEIRj.dpuf

Mujer Eres Única Grisel J. Pitre

CREDITOS

Portada diseñada por: …………………………….....Ashley Pitre
Modelo de la portada…………………….. …………...Jennifer Pitre
Corrección Gramatical, de Estilo y diagramación………...Grisel Pitre
Primera Edición………………………………..……..10/ 03/2016
Segunda Edición ………………………….…….......03/ 08/2018
Actualizado por Grisel J. Pitre…………….01/20/2020 y 9/24/2024
Publicado Kindle Direct……………………………....…09/26/2024

www.ingramcontent.com/pod-product-compliance
Lightning Source LLC
Chambersburg PA
CBHW051109160426
43193CB00010B/1377